きるリーダーはなぜ
リア王」にハマるのか

100冊のビジネス書より「シェイクスピア」!

深山敏郎

青春新書
INTELLIGENCE

はじめに――100冊のビジネス書より「シェイクスピア」を読むべき理由

「生きるべきか、死ぬべきか、それが問題だ」「ブルータス、お前もか」「尼寺へ行け」「弱きもの、汝の名は女」「素晴らしい新世界」「ああロミオ、ロミオ、なぜあなたはロミオなの」……誰でもこうした台詞《せりふ》の一つや二つは聞いたことがあるのではないでしょうか。これらはすべてシェイクスピア作品から引用した台詞です。

ウィリアム・シェイクスピア（1564－1616）は『ハムレット』『リア王』『ヴェニスの商人』『真夏の夜の夢』などの37の戯曲を残した英国を代表する劇作家であり、詩人です。ロンドンの劇団の座付き作家となった彼は、王侯貴族から庶民までが一緒に楽しめる作品で一世を風靡《ふうび》しました。

それから400年経った現在でも、シェイクスピアの作品は常に舞台で上演され、活字に翻訳されるなど、世界中で不動の人気を博しています。

筆者がシェイクスピアの魅力に触れたのはちょうど40年前のこと。学生時代、英国人の演出家であり恩師のギャヴィン・バントック氏のもとで『リア王』『ジュリアス・シーザー』など、英語でいくつかの作品に出演したことがきっかけです。以来、シェイクスピアの作品に魅了され、さまざまな形で関わり続けてきました。

筆者は現在、経営コンサルタントとして、メーカー、ホテル、IT企業、自治体などいろいろな組織の方々と直接お会いして、組織や個人が抱えるさまざまな悩みや課題を解決するお手伝いをしています。

そして20年以上、この仕事をしていて、痛感することがあります。この間、WebなどITテクノロジーは急速に進化し、グローバル化も進展するなど、時代は大きく変わりました。しかし、私たちの抱える悩みや課題の本質は、400年前にシェイクスピアが作品を通じて表現してきたことと、実は大きく変わっていない、ということです。

リーダーの器、人を動かすポイント、感情コントロールの大切さ、決断のタイミング、言葉の伝え方……人間や組織の本質的な部分に関わることは、時代や文化が変わっても、そう大きく変わるものではないのです。その象徴の意味で、この本のタイトルを『できるリーダーはなぜ「リア王」にハマるのか』としています。言い換えると、「なぜビジネスや人生にシェイクスピア作品が役立つのか」という意味でもあります。
『リア王』以外にも、シェイクスピアの主要な作品を紹介しつつ、現代を生きるビジネスパーソンにも共通する悩みや課題を浮かび上がらせ、解決のヒントを探ってみました。もちろん、これまでシェイクスピア作品を観たり、読んだりしたことがない人にもわかるように、あらすじやポイント部分を簡潔に解説したつもりです。

本書を通じて、シェイクスピア作品に興味を持っていただくことはもちろん、ビジネス社会、ひいては人間社会を生きる上でのヒントを一つでも見つけていただければ、筆者としてはこの上ない喜びです。

なお、各章のシェイクスピア作品の台詞は、筆者が原典をもとに翻訳しました。現代の読者に分かりやすいように、なるべく日常会話を意識して言葉を選び、意訳した部分もあります。翻訳にあたっては、主に〝RSC William Shakespeare Complete Works〟edited by Jonathan Bate and Eric Rasmussen.〝Shakespeare Complete Works〟edited with a glossary by W. J. Craig, M. A. Trinity College, Dublin Oxford University Press を参考にしました。

深山敏郎

目次

6章　〝人間〟を知ることが成功のカギ

7章　人生は舞台だ！
――ビジネス成功者としてのシェイクスピアの生涯　174

付――シェイクスピア作品の創作年代　189

本文DTP&図版作成／エヌ・ケイ・クルー
協力／イー・プランニング

※本書の一部に差別的ともとれる表現が出てきますが、原典に従ってそのまま掲載したことをお断りしておきます。

1章　『ジュリアス・シーザー』に見る、人を動かす言葉の力

『ジュリアス・シーザー』は、古代ローマの英雄シーザーの暗殺事件とその後を中心としたドラマです。シェイクスピアが得意とする歴史劇であるとともに、悲劇的な色彩が強い作品でもあります。

また、世界の多くの国の教科書で、主要人物の一人であるマーカス・アントニアスの「友よ、ローマ人よ、同郷の人たちよ、どうか耳を貸していただきたい～」という有名なシーザー追悼のスピーチが引用されています。

『ジュリアス・シーザー』のあらすじ

ガリア（ほぼ今日《こんにち》のフランスに相当）で偉大な成果をあげた英雄ジュリアス・シーザーが政敵ポンペイウス一族を討ち、ローマに凱旋《がいせん》帰国する場面からこのドラマは始まる。

ポンペイウスはシーザー、クラッススとともにいわゆる三頭政治を敷いた一人であり、やはりローマの英雄であった。

しかしシーザーの娘でポンペイウスに嫁いでいたユリアが出産時に死亡し子供もすぐ死亡した。その後、シーザーの財政的基盤であったクラッススが戦死するとこの三頭政治も崩壊した。シーザーを脅威に感じたポンペイウスは、元老院と急接近し、シーザーに対して勧告を発令し、シーザーが植民地からイタリアへ戻ることを阻止しようとする。

しかし、ガリア戦争をはじめ数々の戦《いくさ》で栄光を手にしてきたシーザーはこれに激怒し、「大軍を率いてルビコン川を渡ってイタリアに入ってはならない」という国法を破ってイタリアに入ると、ポンペイウスは命の危険を悟ってローマを逃れた。

結局、ポンペイウスはエジプトで暗殺される。こうしてシーザーがローマに凱旋する。ドラマの冒頭は、深い事情を理解しない民衆がシーザーの凱旋を歓迎するところから始まる。


シーザーはその後、ローマで独裁政治を実施しようとする。この独裁政治に対して快く思っていなかったのは、キャシアスであり、ブルータスであった。キャシアスはブルー

『ジュリアス・シーザー』の主な登場人物

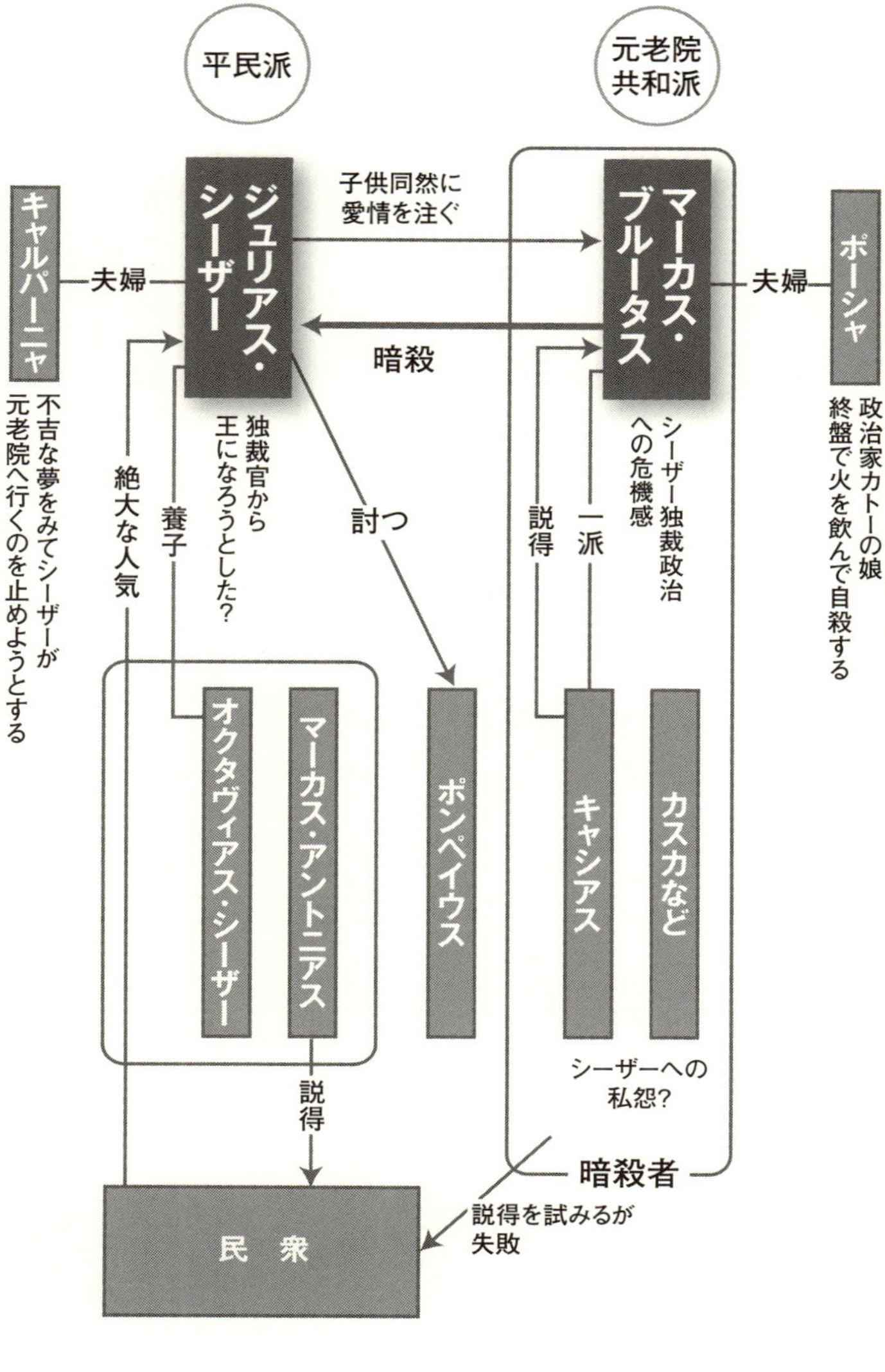

タスを巧みに説得し、シーザー暗殺の仲間に引き入れようとする。ブルータスは当時、ローマ中で高潔な人間として尊敬されており、キャシアスらはこの企てにブルータスが加わることでシーザー暗殺を正当化しやすくなると考えたからである。

ブルータスもついに、「シーザーの野望である独裁政治はこれまで続いてきた共和政ローマの崇高な理念に反する」と判断し、正義のために暗殺に手を貸すことを決意する。

シーザーは、予言者に3月15日に注意するよう伝えられる。また、妻のキャルパーニャは、シーザーが殺される夢をみたことから、議事堂へ行くことを必死に止めようとする。シーザーは、妻の意向を受け入れて議事堂行きを取りやめようとするが、自宅へ朝早く迎えにきたブルータス一派の説得で、結局、議事堂へ行く決心をする。そこでブルータスらに合計33の傷を負い、暗殺される。

その際、子供同然にかわいがってきたブルータスもこの企てに参加していたことを知り、愕然《がくぜん》として「ブルータス、お前もか。ならばシーザーは死ぬ」という最期の言葉を残してシーザーは絶命する。数々の困難な戦いを勝ち抜いてきたシーザーが、信頼しきっていた身内にあっけなく殺されてしまったのだ。

ブルータスは民衆に向かって、シーザー暗殺は、正義のため、ローマのために行ったと理詰めで説明し、ある程度の理解を得る。ブルータスは、自分たちの批判をしないという条件でシーザーの忠実な部下であったアントニアスに追討演説の許可をする。

アントニアスは表面上、約束を守り、「ブルータスやその一派は高潔な人物である」という言葉を繰り返し使う。スピーチの中で、最初はブルータス一派を立てた発言をするが、徐々にその内容は変化していく。

シーザーがいかにローマの民衆のことを思っていたか、また、個人的な欲のない人であったか、ということを徐々に強調する。また、シーザーの遺書を読み上げ、ローマ市民全員に財産を残したことなどを伝え、民衆の心をつかむ。スピーチの終わりの頃には、「ブルータスやその一派は高潔な人物である」という言葉が皮肉にしか聞こえなくなっていた。

アントニアスはスピーチの最後には涙を流しながら、民衆に、シーザーの亡骸《なきがら》に刻まれた傷をみせつけてブルータス一派の残虐さを強調する。このスピーチで民衆の感情は大きく動き、暴動が起こる。こうして、ブルータス一派はローマを追われる立場になる。

アントニアスは、シーザーの養子であるオクタヴィアス・シーザーと手を握り、ブルータス＝キャシアス軍に対抗する。オクタヴィアス・シーザーは、シーザーの姪《めい》の子であり、シーザーの遺言状により、遺産継承者に指名されていた。オクタヴィアスは後に帝政ローマの初代皇帝に君臨する人物である。

ブルータス＝キャシアス連合軍は、アントニアス＝オクタヴィアス・シーザー連合軍と一進一退の攻防を続けるが、ブルータスには大きく二つの苦悩があった。一つはローマに残してきた妻ポーシャの自殺であり、もう一つはシーザーの亡霊であった。ポーシャの死は召使いたちの目を盗んで火を飲んで自殺するという壮絶なものであった。シーザーの亡霊は、ブルータスの信念を揺るがし、敗北を予感させた。

結局、ブルータス＝キャシアス連合軍は敗れる。そしてキャシアスやブルータスは捕虜になることを選ばず、それぞれ自害する。ブルータスの最期を知ったアントニアスは「ブルータスは高潔な人物であり、唯一純粋な正義の精神にかられシーザーを暗殺した」と褒め称えて、幕を閉じる。

◆歴史ではなく、人間を描いたシェイクスピア

『ジュリアス・シーザー』という作品がはじめて上演されたのは、1599年ロンドンのテムズ川南岸の「グローブ座」のこけら落とし、つまり新しい劇場のオープン記念だったといわれています。

シェイクスピアがこの作品を執筆するにあたって、最も参考にしたのがプルターク（紀元46?－120）の『英雄伝』です。プルタークという人は、古代ローマ帝政期のギリシャの哲学者・著述家です。

『英雄伝』という書物は、プルターク自身も言っているように、歴史書ではなく伝記です。いっぽう、シェイクスピアが描きたかったのは、人間であり、その心の揺れ動くさまです。キャシアスが、ブルータスとシーザーを比較し、あなたは何らシーザーに劣っていないという甘い言葉に動かされるブルータス。ブルータスら一味から、元老院がシーザーに王位を与えたがっているから、ぜひ議事堂へ来てほしいといわれて議事堂へ行くシーザー。アントニアスの言葉に動かされる民衆など、それぞれの心の動きや感情の揺れが、一つひ

とつの言葉を発端にして展開されていきます。

◆つまるところブルータスの悲劇である

『ジュリアス・シーザー』は、極論するとマーカス・ブルータスの悲劇であり、また、ブルータスの、「公人」ではなく「私人」としてのドラマです。

頭脳明晰で、高潔な士と一般に思われている彼が、キャシアスからプライドをくすぐられ、説得されることで、微妙に心が揺れ動きます。隠し事をする自分に妻が自らの腿《もも》に短剣を突き刺し我慢して、女だからと秘密が守れないほど弱くないと説得され、ついにブルータスは妻ポーシャに秘密を打ち明けます。

シーザー暗殺後、戦場でこの妻の死を知らされ、動揺し、悲しみと絶望から平常心を失って、親友キャシアスへ不信を募らせた上で激論を交わします。こうした「人間」ブルータスの心の動きや、感情の起伏が詳細に描かれているのです。

シェイクスピアは、プルタークの『英雄伝』に記されている内容を驚くほど忠実に再現しながらも、ブルータスだけでなく、主要登場人物の心の動きも推察し、細やかに描いています。

この作品はもちろん、シーザーの悲劇でもあります。シーザーは前半で暗殺されるため、その後は登場しません。しかし、戦場でその亡霊が二度にわたってブルータスを悩ませ、また、シーザー暗殺に使った剣でブルータスは自害します。そうした意味では、シーザーの精神や亡霊といったものが、この作品全体を支配しており、シーザー自身の悲劇でもあるといえます。

また、ジュリアス・シーザーとブルータスの母親は愛人関係にあり、ブルータスの父の死後、ブルータスは、シーザーに子供のように育てられています。シーザーの実子であるという説もあります。

いずれにせよ、自分が子供同然に愛してきたブルータスが自分の暗殺に加わったことを知ったときのシーザーの心境は、いかばかりだったでしょうか。

Et tu, Brutè? — Then fall, Caesar.（「ブルータス、お前もか。ならばシーザーは死ぬ」）

という台詞は、そういう意味を込めた言葉なのです。

◆シーザーの人間としての弱さ

シェイクスピアの『ジュリアス・シーザー』に登場するシーザーは、プルタークの『英雄伝』と比較すると、いかにも人間的で弱い面を持ったリーダーとして描かれています。

暗殺の首謀者となるキャシアスに、漠然とした不安を持ちながらも、必死に打ち消そうとします。

キャシアスの言葉を借りれば、シーザーは持病の癲癇《てんかん》に悩まされ、かつ臆病者ということになります。また、妻キャルパーニャの懇願で議事堂行きを取りやめにすると決めながらも、ブルータス一派であるディーシアスが元老院がシーザーに王位を与えたがっていることをちらつかせると、心が動き、やはり議事堂へ行くことにします。

このように、この作品には人間ジュリアス・シーザーの弱さが描かれています。こうした点を強調したのはシェイクスピアであって、プルタークの『英雄伝』ではほとんどみられません。

プルタークはシーザーがいかに困難を乗り越えて野望を達成してきたか、その大胆さ、戦略性、民衆からなぜ慕われてきたかといったことを詳細に描いているからです。

いっぽうシェイクスピアは、歴史上の英雄であるシーザーであっても、このように人間としての弱さを併せ持つ人物として描いています。

◆心を打つ名スピーチの数々

シェイクスピアの『ジュリアス・シーザー』は、主役級の人物が複数いて、それぞれに有名なスピーチがあります。最も有名なのは、マーカス・アントニアスがブルータスに傾いていた民衆の心を逆転させる、有名なシーザー追悼演説です（この後に全文掲載）。

この演説は、英国はもとより多くの国々で広く知れ渡っていて、このシーンだけの上演もされているほどです。

また、キャシアスがブルータスのプライドをくすぐって仲間に引き入れる際のスピーチも、巧みでインパクトがあります。

ほかにもブルータスがシーザー暗殺後すぐに民衆に対して行った、国の将来を思う真剣な心をとつとつと語るスピーチ、若いオクタヴィアス・シーザーが戦場で敵方に放った自信に満ちたスピーチなどがあります。ちなみにオクタヴィアス・シーザーの役柄は、人気若手俳優の登竜門ともなっています。

女性の登場人物では、シーザーの妻キャルパーニャとブルータスの妻ポーシャは対比されて描かれており、その台詞も対照的です。悪い夢をみて夫の死の予感がし、議会へ行かないようシーザーに懇願する弱々しいキャルパーニャに対して、ポーシャは夫の秘めた悩みを聞き出すために身体を張ってブルータスを説得するスピーチをします。迫力満点の説得です。

シェイクスピア悲劇で、これほど多くの登場人物に名シーンと名スピーチを与えている作品は珍しいといえましょう。

◆シーザーの人を動かす原点

暗殺されてしまうジュリアス・シーザーは、ローマのためにガリアなどで激戦を続け、また、政治にも深く関わってきました。シーザーはもともと、紀元前1世紀の権力者である閥族《ばつぞく》派、つまり元老院議員を背景にした派閥を率いるスラに対抗し、民衆の力を背景にした平民派マリウスの家系でした。

それゆえにスラはシーザーをことごとく目の敵《かたき》にして、離婚させようとしたり、命を狙ったりしました。シーザーはそのため、若い頃は外国を流浪《るろう》するなど苦労をしました。しかし、そうした経験を通じて彼は、何ものにも屈しない精神力やリーダーシップを得たのです。

『ジュリアス・シーザー』の劇中において、人間としての弱い面もみせるシーザーですが、その発言はともすると権力への欲望に満ちており、自信家という印象を与えるかもしれません。

例えば、「シーザーは北極星のように不動である」といった意味のスピーチをします。

しかし、マーカス・アントニアスなど彼の部下などを通して語られるシーザー像は、偉大であるとともに慈愛に満ちています。この作品で最も有名なアントニアスのシーザー追悼の台詞を引用しましょう。

……………………

アントニアス：友よ、ローマ人よ、同郷の人たちよ、どうか耳を貸していただきたい。私がここに来た目的は、シーザーを葬るためであって、彼を褒め称えるためではありません。悪事は人の死後まで残り、善事はしばしば骨とともに埋められます。シーザーの場合も、そのようにしようではありませんか。高潔なブルータスは、シーザーが野心を持っていたと皆さんに語りました。もしそうであったなら、重大な欠陥であり、また、悲惨な方法でシーザーはその報いを受けました。ここに私は、ブルータスやそのほかの方々の許しを受けて、というのもブルータスやそのほかの方々も高潔な人物であるからですが、シーザーの葬儀に参列したのです。彼は私の友人でした。信頼できる、公平な人でした。しかし、ブルータスは彼が野心を持っていたと言っています。そして、ブルータスは高潔な人物です。シーザーは、多くの捕虜をローマに連れて来ました。その身代金は、国庫に納められました。このことは、シーザーが野心を抱いていたことになるのでしょうか？　貧しい人たちが涙を流せば、シーザーもまた涙を流しました。野心というものの本質は、もっと冷酷なものではないでしょうか？　しかし、ブルータスは彼は野心を抱いていたと言っています。そして、ブルータスは高潔な人物です。皆さんもみたでしょう。ルパカルの日に、私は彼に三度、王冠を差し出しました。そして、彼は三度、断ったのです。これが野心でしょうか？　しかし、ブルータスは彼は野心を抱いていたと言っています。そして、もちろんブルータスは高潔な人物です。私はブルータスの言うことを否定しようというわけではありません。私の知っていることを伝えるためにここにいるのです。皆さんは、かつてシーザーを愛していました。理由がなかったわけではありません。どのような理由で、彼を悼《いた》むのを躊躇するのでしょうか？　ああ、分別よ！　お前は野獣のもとに去ってしまった。こうして人は理性を失ってしまった。皆さん、許してください。私の心は柩《ひつぎ》の中のシーザーとともにあります。話を続けることができないのです、心が戻ってくるまでは。――Ⅲ幕２場

ちなみにこの中に出てくるルパカルの日とは、古代ローマの神々を祭る日の一つで、結婚の女神や豊穣の女神を祭る日とされます。つまり、こうした祭りの日に起こったことをアントニアスは持ち出しているのです。

また、この中でシーザーが三度にわたって王冠を断った、つまり王位につかなかったことに対し、民衆はこれをシーザーが野心を持たなかった証拠ととらえ、ブルータス一派はわざとらしい演出であったととらえました。

暗殺者の一人であるカスカはブルータスに、シーザーが三度目に断ったときはもの欲しそうにみえた、と伝えています。ただし、これははじめから、カスカにシーザーを憎む気持ちがあったからそうみえたのかもしれません。シェイクスピアはどちらの見方が正しい

とも言っていません。

アントニアスは当時のアジア風の弁論術、つまり大風呂敷を広げて扇動するタイプのスピーチに習熟していたことから、民衆の感情に訴えるため扇情的に話している部分はあるものの、ここに語られているジュリアス・シーザーの人物像の描写は、民衆にとってまさに的を射ています。つまり、民衆にとってはローマという国のために命がけで尽くし、野心がなかったという説得材料となったのです。

また、シーザーを暗殺した張本人であるブルータスも、市民への釈明演説の中で、シーザーへの尊敬の念、愛情を表しています。シーザーは自らを殺害した相手からも愛されていたのです。

◆プルターク『英雄伝』にみるシーザー像

シェイクスピアの『ジュリアス・シーザー』の背景にあることを理解するために、プルターク『英雄伝』から少しシーザー像を補足します。以下はシェイクスピア劇には出てきませんが、以下を知っておくと、このドラマがより多面的に理解でき、より深く楽しめます。

『英雄伝』によると、シーザーは若い頃、雄弁術を学びました。彼は政治的な演説に優れた才能を持ち、野心に燃えていたために雄弁術に磨きをかけたのです。ただし、職業としては雄弁家を選ばず、政治家や軍人を選び、国家全体の変革を目指しました。シーザーは政治の世界で民衆の圧倒的な支持を集め、人気もありました。そのため、政敵もたくさんいました。

シーザーは、政治家であり軍人として、ローマの属州の一つヒスパニア（現在のスペインとほぼ同一）を統治領として引き受けます。このヒスパニアでこれまでローマに服属していなかったいろいろな部族に、ローマへの忠誠を誓わせました。

いっぽうでは平和事業もきちんと実施しました。仲の悪かった都市間同士で手を握らせて争いを鎮めたり、民衆が借金で困っていると、返済しやすいような制度を作りました。こうした現実的な問題を次々に解決していったため、属州においても民衆から大きな支持を受けたのです。

シーザーはこのように、現実の問題解決力に優れており、功績をあげた上でローマに戻るやいなや、当時、敵対していたクラッススとポンペイウスを和解させました。シーザーは、ローマで最も金持ちのクラッススと、軍隊を支配下に置くポンペイウスの協力を得て執政官（コンスル。共和政ローマの最高官職）に立候補し、当選します。

シーザーは軍人としてガリアで戦い、多数の捕虜を得て、身代金でローマの財政を潤しました。また、勇敢に戦った部下に栄誉や報奨金を与えることを惜しみませんでした。シーザーは持病を持ち、身体が弱かったにもかかわらず、軍務を精力的にこなしたといわれています。

◆シェイクスピアの描くシーザーの欠点

シェイクスピアの『ジュリアス・シーザー』に話を戻しましょう。前述のように、シーザーの弱さも描いていますが、前提として、どのようなリーダーにも弱みがあり、それが重大なものに映るかいなかは、受け取る側によります。

まずシーザーは、心配性であったことが描かれています。キャシアスを、痩せていて、読書好きで、芝居を好まず、もの欲しそうな顔をしているという理由で警戒していました。シーザーがキャシアスを敬遠すれば、自然にキャシアスもシーザーを敬遠します。残念ながら、このドラマの中では、それが暗殺される間接的な理由になりました。

また、ブルータスに対しては、自分の子供のようにかわいがっていながら、共和政と帝政、つまり議会で協議しながら国家の意思決定をしていくか、独裁者が単独で意思決定をしていくかという国家運営のビジョンについて、十分に議論をしていませんでした。

結果として、ブルータスは政治に対する考え方の違いから暗殺者に引き入れられてしまいます。本来は何があっても自分を守ってくれると思っていた腹心の一人です。

シーザーはその後の帝政ローマにつながる構想を持っていて、そのビジョンの実現に邁進していました。

もしブルータスとより突っ込んだ話をしていれば、もしかしたら自分や後継者であるオクタヴィアス・シーザーを支え、帝政ローマの国家運営に協力してもらえたかもしれません。

このような側面を押さえておくことも、『ジュリアス・シーザー』を楽しむポイントとなります。

◆ブルータスは高潔の士か、それとも悲劇の主人公か

この作品の後半の主役、そして悲劇の主人公ブルータスについても説明しておきましょう。『ジュリアス・シーザー』の中でのブルータスは、悲劇の主人公であり、また、高潔の士であることを貫きます。共和政ローマに生きた先人たちを誇りに思い、思慮深い人物であったことは確かです。

ブルータスがなぜ親とも敬うシーザーを殺害するに至ったのか。それは民衆への釈明の弁論に示されています。

ブルータス：（前略）お集まりの皆さんの中に、シーザーの親しい友人がいるのならば、その人に向けて私は言いましょう。ブルータスのシーザーを愛する気持ちは、決してその人に劣りはしないと。ではなぜ、ブルータスはシーザーに反抗して立ち上がったのかと、その友人はたずねるでしょう。それに対する私の反論はこうです。シーザーを愛する心が少なかったのではなく、ローマを愛する心が勝ったからです。（中略）シーザーは私を愛

してくれました。したがって私は彼のために涙を流します。彼の幸運は、心から喜びます。彼の勇敢さには、称賛を贈ります。しかし、彼は野心を抱いていたのです。それゆえに、死を与えたのです。——Ⅲ幕2場

…………………………

シーザーが王として独裁政治を行おうという野望を持っていたことは明白であり、それをブルータスが阻止するには暗殺という最終手段しか残っていなかったのです。

もともとブルータスは、シーザーの政敵となったポンペイウスと思想を共にし、共和政理念のためにシーザーと戦うのですが、シーザーがポンペイウス一派を倒したときに、許されてシーザーの部下となります。ですから、もともとは理念の異なる二人だったのです。

ブルータスの人間性を知ることのできる次のような逸話もあります。

シーザー暗殺にあたってキャシアスが後の憂いを絶つために、シーザーの忠実な部下であるマーカス・アントニアスも同時に殺害すべきであると進言しますが、ブルータスは無用な血を流すことは意に反するという理由で、それを拒絶します。

ディーシアス：殺すのは、シーザーただ一人なのかい？
キャシアス：ディーシアス、よく言ってくれた。僕はシーザーのお気に入りのマーカス・アントニアスを、生かしておきたくない。（中略）
ブルータス：それでは我々のやり方が、あまりに残忍にみえないだろうか、カイアス・キャシアス。頭を落としておいて、両の手脚まで切り離すとは。激怒して殺し、死後まで敵意丸出しだ。アントニアスは、いわばシーザーの手脚だ。カイアス、我々は、神々にいけにえを捧げる人間であろう、残忍な殺し屋ではなく。（後略）――Ⅱ幕１場

キャシアスはアントニアスを敵に回すことを避けたかったのですが、ブルータスは高潔の士であるというイメージを保とうと考え、また、アントニアスを過小評価して判断を誤ります。

ブルータスが、高潔の士であるということは、アントニアス＝オクタヴィアス連合軍とブルータス＝キャシアス連合軍との戦いにおいても貫かれます。

ブルータスは規律を重んじ、断固として不正を許しませんでした。キャシアスが戦いに勝つという目的を優先し、多少の不正に目をつぶるなど柔軟性を発揮したことと対照的で

した。

◆「理念」は必ずしも通じるとは限らない

プルタークによると、ブルータスは哲学的で教養があり、性格も穏やかな仁徳者でした。原則を重んじたため、不正な懇願に対しては機嫌を取られても耳を貸さなかったといいます。

また、ブルータスはシーザーによるローマの独裁的支配を受け入れていれば、次の世代ではほぼ確実にローマの第一人者、あるいは政権を担う一人になることができたはずでしたが、それをせず、独裁者によるローマ支配ということに憤慨しました。

いっぽう、ブルータスの妹ユーニアの夫であるキャシアスは、ローマを独裁支配しようとするシーザーを憎悪したとされており、この二人には大きく考えの相違がみられます。

キャシアスがシーザー暗殺の陰謀を企てたときに、多くの友人たちは、「もしブルータスが主導するなら参加する」ということになりました。

それはこの企てがブルータスも賛同するものであれば、参加する意欲も湧くし、事後においてもその行為に正義があることが立証されるからだという理屈でした。また、正義があればブルータスも拒むはずがないということになり、キャシアスはブルータスのもとに赴き、説得をします。

キャシアスは、ブルータスの説得に成功しました。ブルータスは「私は祖国のために戦い、自由を守るためなら死んでもよい」という趣旨の答えをしたとされています。ブルータスはこのように、自らの理念、哲学のために、暗殺に加わったのです。

ブルータスは結局、理念のためにシーザー暗殺に加わり、その理念が民衆に十分に理解されず、結果として戦に敗れて死んでいきました。

◆シーザーはなぜアントニアスを信頼しきったのか

いっぽう、忠実な部下として、最後までシーザー側について、ブルータス＝キャシアス軍と戦ったマーカス・アントニアスとはどのような人物だったのでしょうか。

ブルータスには、しょせん「シーザーの手脚でしかない」と言われたものの、シーザー暗殺後の追悼演説では、ブルータスの論理的な演説とは対照的に、大風呂敷を広げて扇動する当時のアジア風弁論術で、民衆の心をつかみました。
アントニアスは武芸にも秀でていて、遠征中には、ジュリアス・シーザーをよく助けたといわれています。シーザーはアントニアスのことを大変気に入っていました。

シーザー：私の周囲には、肥《ふと》った男だけにしてくれ。頭をくしでなでつけ、夜はぐっすり眠る男をな。あそこのキャシアスは痩せていて、いかにも腹を減らしているようだ。やつは考え過ぎる、ああいうやつらは危険だ。
アントニアス：シーザー、どうか彼を怖れますな。彼は危険ではございません。彼は高潔なローマ人で、好ましい人物でございます。
シーザー：やつがもっと肥っていてくれたらな。わしはやつを怖れてはおらん。もしも、シーザーという名のもとに、気をつけ、遠ざけなければならない人物がいるとすれば、それはあの痩せたキャシアスなのだ。やつはたくさんの書物を読み、人の行動を洞察し、見通す男だ。やつは芝居を好まない。お前とは違うぞ、アントニアス。――I幕2場

このシーザーの台詞は、キャシアスに対する警戒心を表明するとともに、いかにシーザー

がアントニアスを腹心として信頼していたかを示しています。アントニアス自身にはいろいろ問題がありながらも、シーザーには絶対的に気に入られていたのです。

◆時に不正や不評にも目をつぶったシーザーの器

プルタークの『英雄伝』には、次のような内容の記述があります。マーカス・アントニアスの祖父は、シーザーの先祖の政敵スラの党派に味方して、シーザーの先祖であるマリウスに殺された弁論家アントニアスでした。また、父は善意、正直な人として有名でした。自らが貧しくとも、親友から金を貸してほしいと頼まれると、妻に内緒で金品を与えたといわれています。

アントニアスが年頃になったときに、クリオという素行《そこう》の悪い仲間がいました。クリオは快楽について自制心がなく、アントニアスを懐柔するために彼を酒と女と浪費に導いたとされています。アントニアスは結果として自分の年に似合わず、多額の負債を抱えましたが、その保証人になったのがこのクリオでした。

アントニアスの父はこれを知り、彼を家から追い出しました。アントニアスは、当時の民衆扇動家の中でも最も過激だったクロディウスという人物の国政攪乱《かくらん》運動に参加しました。

しかし、クロディウスのあまりの過激さに嫌気がさし、ギリシャに向かいました。そこで戦のための身体の鍛錬と弁論術を学びました。弁論術は、すでに触れたようにアジア風弁論術といわれるもので、当時流行しており、大風呂敷を広げて人びとを扇動するものでした。それはアントニアスの性格にも合致していたのです。

紆余曲折を経て、アントニアスはシーザーの部下になります。アントニアスは、兵士の間では人気があったものの、民衆には反感を買いました。というのも、不正に目をつぶり、彼に意見をする者に感情的な対応をしたりしたからです。人妻との関係を噂されたりもしました。

シーザーがイスパニア遠征から帰国したとき、これらのことには目をつぶり、「アントニアスは戦にかけては勇敢である」として弁護しました。シーザーがマケドニア（ギリシャの北方、バルカン半島の中央部）で窮地に陥ると、アントニアスは危険を顧みずに駆けつけ、シーザーを助けました。その後もアントニアスはさまざまな戦闘で手柄を立てました。

◆破天荒な生き方をしたアントニアス

ジュリアス・シーザーに気に入られ、放蕩《ほうとう》もある程度改めたアントニアスは、オクタヴィアス・シーザーとともにブルータス＝キャシアス軍を倒すと、オクタヴィアスとレピドゥスとともに第2次三頭政治を行うことで、ローマにしばしの平和をもたらしました。

シェイクスピアは、『ジュリアス・シーザー』の続編ともいうべき『アントニーとクレオパトラ』を書いています。アントニアスはこの中で、クレオパトラの妖艶ともいえる美貌と手練手管《てれんてくだ》に骨抜きにされてしまいます。破天荒なアントニアスのその後の物語です。

ここで注目すべきは、絶世の美女といわれたエジプトの女王クレオパトラが、アントニアスに真剣に恋をして、アントニアスがローマに帰ると激しく嫉妬し、また、アントニアスの死を知って毒蛇によって自らの命を絶つということです。それほど女性を魅了する何かがこのアントニアスにはあったのです。

◆シーザーの志を継ぐオクタヴィアスは……

オクタヴィアス・シーザーは、18歳のときにギリシャ西岸のアポロニアという戦場でジュリアス・シーザーの死と、遺言状により自分がジュリアス・シーザーの遺産相続と、家名を継ぐことを同時に知らされました。

これはライバルであり年長のアントニアスはもとより、多くのローマの識者にとっては到底納得できる内容ではありませんでした。これが後のアントニアスとオクタヴィアスとの抗争の火種となります。

また、オクタヴィアス・シーザーは、エジプトの女王クレオパトラと深く結びついたアントニアス軍をアクティウムの海戦で打ち破り、元老院からアウグストゥス（尊厳者）の称号を与えられ、帝政ローマの初代皇帝になりますが、『ジュリアス・シーザー』の後半に、アントニアスとの対立を物語るエピソードが挿入されています。

アントニアス＝オクタヴィアス軍と、ブルータス＝キャシアス軍の決戦の地、フィリパイの平原で、決戦直前のシーンに交わされる会話です。

アントニアス：オクタヴィアス、君は君の隊を平原の左わきから静かに進めてくれ。
オクタヴィアス：おれは右から行く。君が左を進んでくれ。
アントニアス：この緊急時に、なぜおれを怒らせるのだ？
オクタヴィアス：怒らせるつもりはない、ただ右から行くだけだ。――Ⅴ幕1場

若きオクタヴィアスは、ブルータスやキャシアスに向けて、決戦の前にこのように伝えます。

オクタヴィアス：もういい、大事なことを話そう。口先だけの戦いでこの汗だ、実際の戦となれば真っ赤な血が流れるだろう。みろ、おれは暗殺者たちに向けて剣を抜くぞ。この剣が鞘《さや》におさまるのはいつの日か。シーザーの33の傷がすべて復讐し終わるまでは、おさまりはせぬ。あるいはもう一人のシーザーが謀反人《むほんにん》どもの剣に敗れるまでは。――Ⅴ幕1場

このように戦に臨んで勝利を得てから、ブルータスの部下だった者たちを自らに仕えるよう促し、また、ブルータスの亡骸を丁重に扱います。

オクタヴィアス：彼の徳にふさわしく、遇しよう。尊敬の念を込めて、葬儀に遺漏《いろう》のないように。今夜は私のテントに彼の遺骸《いがい》を安置すること。武人にふさわしく、恭《うやうや》しい態度で接しよう。戦場に休戦を伝えるのだ。そして、我々も行こう、この良き日の栄光を分かち合おうではないか。——V幕5場

これが『ジュリアス・シーザー』の最後の台詞になるのです。

◆明確なビジョンの必要性

ジュリアス・シーザーは、制度疲労を起こしていたローマの共和政を打倒する構想を持っていましたが、暗殺されたため実現できませんでした。紀元前46年にポンペイウス派を倒して凱旋したときの彼の施政の基本方針は、クレメンティア（寛容）でした。オクタヴィ

アスが紀元前30年にアントニアスを破って帰ってきて以降、彼の施政方針は「パクス（平和）」でした。

ジュリアス・シーザーの没後、10年以上の苦闘の末、オクタヴィアスは、共和政ローマに代わる帝政ローマの頂点に立ちます。そして、彼は「パクス・ロマーナ（ローマの平和、あるいはローマによる平和）」の基礎を作ります。

こうしてジュリアス・シーザーの遺志は、オクタヴィアス・シーザーに引き継がれます。明確なビジョンがあり、それが我欲によるものでなければ、たとえ実践する人間が代わったとしても受け継ぐ者が現れる、というのは、このドラマに限った話ではないでしょう。『ジュリアス・シーザー』は、悲劇の中にも希望の光を感じさせてくれる作品なのです。

2章　『ヴェニスの商人』〝考え方の違う人〟とどう仕事を進めるか

『ヴェニスの商人』は、ユダヤ人の金貸しシャイロックと、ヴェニスの商人アントーニオーの間で行われる人肉裁判が最大のハイライトです。これは日頃のビジネス上の対立が原因となっています。

ほかにもアントーニオーとバッサーニオーの深い友情、資産家の娘ポーシャと結婚するために、三つの箱の中から正しい箱を選ぶ必要があるという〝箱選び〟、シャイロックの娘ジェシカとロレンゾーの駆け落ちなど見せ場の多いドラマであり、スリルとサスペンス、そして美しい台詞などが楽しめる喜劇です。また、金銭感覚、正義をどう解釈するかについても考えさせられる作品です。

『ヴェニスの商人』のあらすじ

ヴェニスに住むアントーニオーは、船貿易を中心とする豪商であり、その親友バッサーニオーは、アントーニオーに金の相談に来る。ベルモントに住む金持ちで美しいポーシャという女性に求婚するために、これまでの借金に加えて、さらに金を貸してほしいという。

アントーニオーの船はすべて航海の途上にあり、手元には貸す金がないため、日頃は露骨に軽蔑していたユダヤ人の金貸しシャイロックに相談する。３０００ダカットという大金を用立てる代わりに、シャイロックがその担保として要求したのは、アントーニオーの心臓に近い身体の肉１ポンドであった。船が戻ってくれれば簡単に返せる金額であるため、アントーニオーはそれを快諾する。

ベルモントのポーシャは、父の遺言で、夫となる人物は金、銀、鉛の三つの箱の中から、正しい箱を選んだ相手でなければならないとされ、それに従う。美しく、資産家のポーシャの元には、彼女の意を得ようと、諸国から求婚者が絶えない。

求婚者は、三つの箱からポーシャの絵姿の入った箱を選ばなければ、すぐに退散し、一生涯誰にも求婚しないと約束させられる。金の箱を選んだモロッコ王、銀の箱を選んだアラゴン王は、あえなく失敗に終わり、約束を守ると言い残してベルモントを去る。

バッサーニオーが友人のグラシアーノーを伴いベルモントに到着する。バッサーニオーに恋心を抱くポーシャは、万一バッサーニオーの箱選びが失敗した場合、二度と会えないことから、箱選びを延ばすよう懇願するが、バッサーニオーはすぐに箱選びをすると申し出る。

バッサーニオーは三つの箱から正しい箱を選び、みごとポーシャと結ばれる。グラシアーノーもまた、ポーシャの侍女ネリッサと結ばれる。ポーシャはバッサーニオーに、自分と同じように大切にしてほしいと指輪を贈る。ネリッサも夫グラシアーノーに、同じことを伝えて指輪を贈る。

そこへヴェニスから使者が来て、アントーニオーの船がすべて遭難して全財産を失ったこと、バッサーニオーのためにシャイロックから借りた３０００ダカットのカタにアントーニオーの身体の肉１ポンドをシャイロックに切り取られるかどうかの裁判が行われることを伝える。

婚約者で資産家のポーシャからシャイロックへの借金返済に十分な金銭を得たバッサーニオーは、グラシアーノーとともにヴェニスに急ぎ帰る。

ポーシャは高名な法学博士の力を借りて、裁判官としてこの裁判を任される。そこで、法律学者バルサザーという若い男に変装する。ネリッサも同じように変装し、書記として裁判に立ち会う。


シャイロックは、バッサーニオーの提示する金銭には目もくれずに、ひたすら彼の正義を求める。つまり、借金のカタにアントーニオーの心臓に近い身体の肉1ポンドを切り取ることが正義だと主張する。日頃、アントーニオから受けていた屈辱への仕返しがしたいのだ。

裁判官バルサザー、つまり変装したポーシャが、シャイロックに慈悲を促すが、シャイロックは首を縦に振らない。シャイロックはアントーニオーへの復讐心に加え、自分に降って湧いた不幸――娘のジェシカがキリスト教徒のロレンゾーと駆け落ちし、自分の財産を持ち出し、散財していた――で怒りの頂点に達していたからだ。裁判でシャイ

『ヴェニスの商人』の主な登場人物

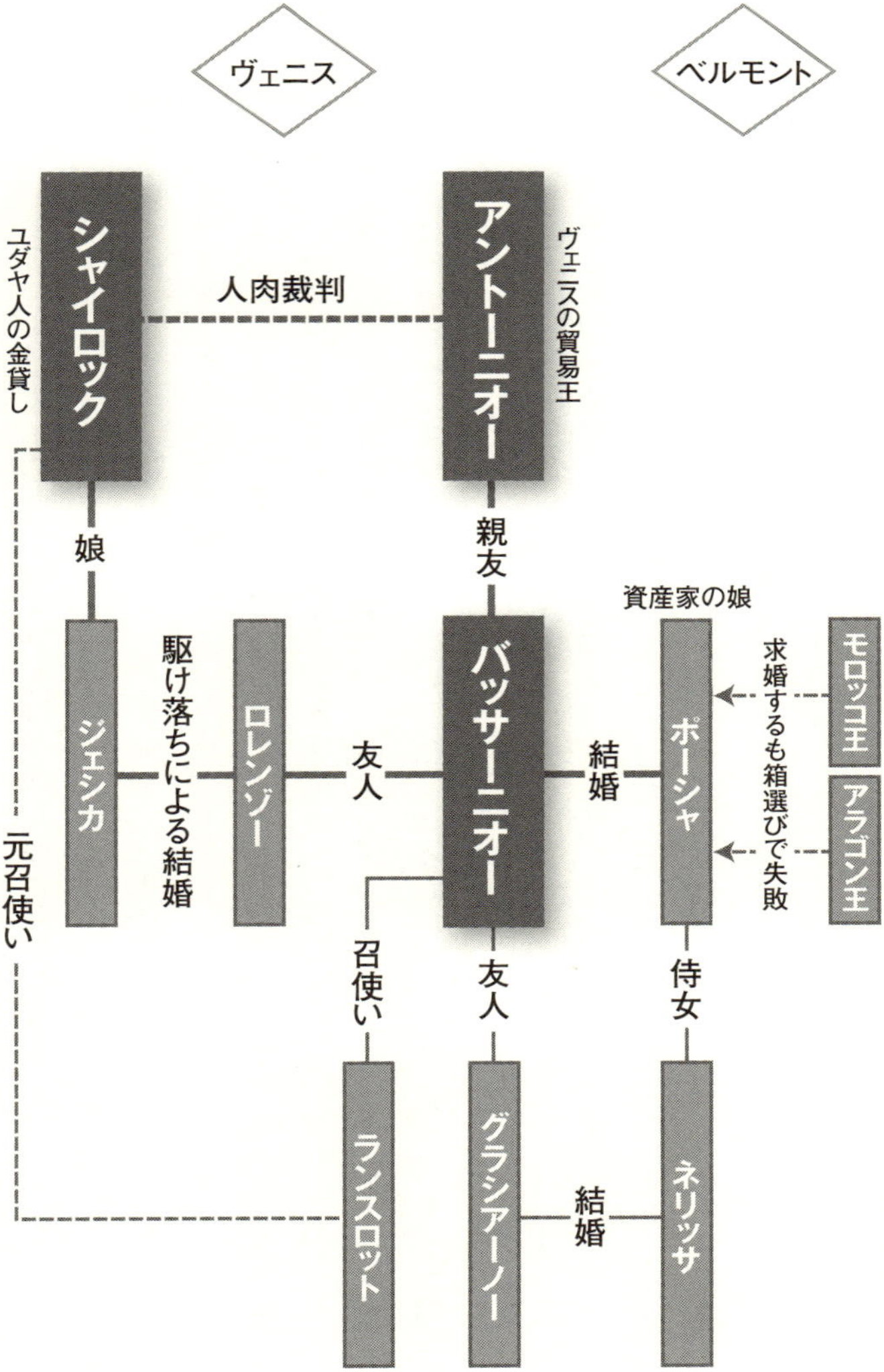
ヴェニス
ベルモント
シャイロック
ユダヤ人の金貸し
人肉裁判
アントーニオー
ヴェニスの貿易王
娘
親友
資産家の娘
ジェシカ
駆け落ちによる結婚
ロレンゾー
友人
バッサーニオー
結婚
ポーシャ
求婚するも箱選びで失敗
モロッコ王
アラゴン王
元召使い
召使い
友人
侍女
ランスロット
グラシアーノー
結婚
ネリッサ

ロックは、アントーニオーの肉1ポンドだけが欲しいと強く主張する。

ポーシャ扮する裁判官は、意外にもシャイロックの言い分に筋が通っていることを認め、証文通り肉1ポンドを切り取ることを許可する。法廷は騒然となり、また、被告アントーニオーは命を失うことを覚悟する。

喜んだシャイロックはアントーニオーに研ぎ澄ましたナイフで切りつけようとするが、ナイフが胸に突き刺さる寸前、ポーシャから待てと命じられる。

契約書には、肉1ポンドと書いてあるが、血を1滴でも与えるとは書いていない、また1ポンドよりわずかでも重さが異なるならばシャイロックの契約違反であり、財産没収と伝えられる。

シャイロックは愕然《がくぜん》とし、結局アントーニオーにナイフを突き刺すことをあきらめ、金銭をもらうと言い出すが、ポーシャはいったん断ったことを盾に、受け付けない。

また、ヴェニスの市民以外の者がヴェニスの市民の命に危害を与えようとした場合、財産を没収し、半分は国庫へ納めさせ、あとの半分は危害を加えられようとした人間に与えるとし、罪人の生死は公爵に委ねられるという条文を読み上げる。

シャイロックはアントーニオーや公爵の計らいもあり、命は助けられ、国による財産の没収も免れ、自らが死ぬまでの間、アントーニオーが財産の半分を預かり、娘のジェシカとその夫のロレンゾーに与えるということで決着する。

裁判が終わり、ベルモントへ帰ろうとするポーシャ扮する裁判官に対して、バッサーニオーは親友を救ってくれたお礼をしたいと申し出る。

ポーシャは金銭を断るが、バッサーニオーは再度何か受け取ってほしいと懇願する。ならばと、ポーシャはバッサーニオーの指にある指輪が欲しいと伝える。バッサーニオーは何とか理由をつけて断るのだが、とうとう根負けして、ポーシャに大切な指輪を与えてしまう。

こうしたやり取りの後、この指輪を手に入れたポーシャと、どさくさに紛れて夫のグラシアーノーから指輪を得たネリッサ扮する書記は、ベルモントへ戻る。

この指輪をめぐって一波乱起こるが、喜劇の終わりらしく、最後はハッピーエンドに終わる。

◆『ヴェニスの商人』の下敷きになった話

シェイクスピアがこのドラマを書く際に参考にした作品がいくつかあるといわれています。シェイクスピアだけでなく、当時の劇作家たちは、それまでにあった民話などのストーリーから作品のヒントを得ていたことが分かっています。

シェイクスピア作品の翻訳家・演出家として有名な福田恆存《ふくだつねあり》氏によると、『ヴェニスの商人』の素材は大きく、①人肉裁判、②箱選び、③指輪の紛失、④ジェシカの駆け落ち、からなっているといいます。

このうち、①、②、③は『イル・ペコローネ（阿呆）』という中世イタリアの物語集がベースになっています。この物語集は、セル・ジョヴァンニという男が書いたといわれていて、『デカメロン』などと同様、一話ずつ独立した珍奇な物語集です。

ベースになっているのは、こんな話です。

主人公のジャンネットーが養父のアンサルドーから金を借りてアレクサンドリア相手に

貿易を始めたのですが、ベルモンテ港の沖を航海中に船長から不思議な話を聞きました。

その港町は一人の美女によって支配されていて、夫の死後、法律を作り、この町に立ち寄った男はすべて自分の夜伽《よとぎ》をしなければならず、自分を十分に楽しませてくれれば自分とこの町の富を与えるが、失敗したら船荷を没収するというものです。

ジャンネットーは2度挑戦しますが、失敗し、3度目の航海でついに成功します。そのジャンネットーの3度目の航海のときに、アンサルドーがユダヤ人から借りた金を持って行きます。

その借金の担保はアンサルドーの身体の肉1ポンドでした。その後の話は、『ヴェニスの商人』とほぼ同様に推移して、新妻が法学博士に変装して裁判に臨みます。そして指輪を裁判成功の証にもらう、というものです。


この物語には、②箱選び、及び④ジェシカの駆け落ちはありませんが、箱選びは夜伽が形を変えたもの、ジェシカの駆け落ちは、シェイクスピアの創作によるものだといわれています。ユダヤ人は、シェイクスピアの先輩劇作家クリストファー・マーロウの悲劇『マルタ島のユダヤ人』（1592年）の中に悪役として出ており、これを踏まえたと考えられます。

箱選びの三つの箱には、興味深い銘が刻まれていて、ポーシャへの求婚者たちはその銘の内容を頼りに選びます。

金の箱には「我を選ぶ者は、衆人の欲し求むるものを得べし」、銀の箱には「我を選ぶ者は、己にふさわしいものを手に入るべし」、そして鉛の箱には「我を選ぶ者は、己の持ち物すべてを手放しなげうたざるべからず」とあります。

ポーシャの父の遺言で、この箱選びに成功した男がポーシャと結ばれることになります。

◆〝悪役〟シャイロックの金銭感覚は異常か

シャイロックと、ほかの主要登場人物の金銭感覚はとても対照的です。ちなみに、シェイクスピアの時代の英国はユダヤ人が住むことを禁じていたため、シェイクスピア自身もユダヤ人を見たことがなかったと考えられています。当時、ユダヤ人はヨーロッパではキリストを磔《はりつけ》にした民族として目の敵にされていました。

『ヴェニスの商人』の中で、シャイロックは金融業を営み、資産家として描かれています。以下のシャイロックの台詞からも、当時のヴェニスのキリスト教徒の金銭感覚とはだいぶ異なっていたことが分かります。

シャイロック：（傍白《ぼうはく》）ああ、神様におべっかを使う収税吏《しゅうぜいり》のような顔をしている。おれはあいつが嫌いだ、キリスト教徒だからな。それよりもあいつの底抜けの天真爛漫《らんまん》さだ。やつは金を貸すのに利息を取らないときた。このヴェニスの金利を下げて、おれたちの邪魔をする……。もしやつの弱みを握ったならば、これまで耐えて来たやつへの恨みを返してやる。やつはおれたち、神に選ばれたユダヤ人を毛嫌いする。そして商人たちが集まる場所で、このおれを、おれの商売を、正当な儲けをけなしやがる、やつが利息と呼ぶ名前でな。絶対にやつを許さない。我々ユダヤ民族も呪われるさ、もしやつを許したならば。——I幕3場

シャイロック：（前略）証文を忘れるなよ、いつもおれのことを高利貸しと言いおって。証文を忘れるなよ。いつも利息をつけずに金を貸しやがって。それがキリスト教徒のや

り方だという。証文を忘れるなよ。――Ⅲ幕1場

アントーニオーのみならず、当時のヴェニスでは、キリスト教徒は利息を取らなかったということがうかがえます。

シャイロックはまた、質素倹約を重んじ、自他に対してかなり厳しく金銭の管理をしていたことが分かります。召使いのランスロットが自らの家を辞めてバッサーニオーの家の召使いになったことに対して、娘のジェシカに言った台詞です。

シャイロック：あの阿呆、人は悪くないが、食べ過ぎる。仕事をさせればカタツムリのようにのろまで、昼間には山猫のように眠りこける。働かないやつを飼っておくわけにはいかぬ。だからやつに暇をやったのだ。おれが貸した財布から、やつに無駄遣いをさせる手助けをするために暇をやったのだ。（中略）わしの命令通りにするのだぞ。家に入ったら扉を閉めろ。「しっかりとしまえば、失う心配はない」、倹約をするのに諺《ことわざ》は決して古臭くはならないぞ。――Ⅱ幕5場

娘のジェシカは、この後すぐそうして父が倹約して貯めた金を駆け落ちするために持ち出し、放蕩三昧《ほうとうざんまい》をしてシャイロックの激怒を買います。ジェシカを探すように依頼した同じユダヤ人のチュバルとの会話です。

シャイロック：おいチュバル、ジェノアから何か新しい情報でも？ 私の娘はみつけたのかい？

チュバル：娘さんの噂はたびたび耳にするのだが、本人をみつけることはできなかった。

シャイロック：そう、そう、そう。ダイヤモンドが、なくなってしまった。フランクフルトで2000ダカットもしたやつだ。今日の今日まで、我らがユダヤ人に呪いはかからなかったのだが。2000ダカットもしたんだ。ほかにも、高価な宝石もたくさんだ。娘が足もとで死んでしまえばいい、耳に宝石をつけていればな。(中略)

チュバル：娘さんは何でもジェノアで一晩80ダカットも使ったそうだ。

シャイロック：その一言は、おれに短剣を突き刺すぞ。おれはおれの金にもう二度と会えないのか。たった一度で80ダカット。80ダカットだぞ。――Ⅲ幕1場シャイロックの金銭に対する執着は、娘のジェシカが駆け落ちしたことよりも、大金や宝石を一緒に持って行かれたほうがショックであったことからもうかがえます。多分に誇張したものですが、シャイロックの金銭感覚を鋭く描いています。収入以上の生活をせず、倹約して、その浮いた金をヴェニスの商人たちに貸して利を得ていたシャイロックにとっては、自分のこれまでの苦労が水の泡になった哀しさや怒りをぶちまけた台詞だったのです。

確かにシャイロックの金銭への執着心は、異常に描かれています。しかし、シャイロックの持つ金銭感覚は、質素倹約をして、利殖に充てる資金を得るという、ある意味で至極まっとうな感覚ともいえます。

◆お金をまた借りしたバッサーニオーはギャンブラー？

ヴェニスのキリスト教徒たちの金銭感覚は、シャイロックと対比するように描かれています。その典型がバッサーニオーです。

バッサーニオーは気前がよく、派手に金を使い、事実上の破産状態にありますが、親友アントーニオーから借りた金の返済に困り、当のアントーニオーのところへ相談に行きます。

バッサーニオー：子供の頃、ぼくは矢を失うと、もう一度同じように矢を射て、その行方を注意しながら見定めたものさ。しばしば、そうした危険をおかすことで、なくした矢までみつけることができた。こうした子供の頃の経験から、奇想天外な考えをこれから君に伝えるわけなのだ。ぼくは君に多額の借金をしている。そして、わがままな若者にはつきもので、その金もすでにすっからかんだ。しかしもしも、君がもしもう1本の矢を射てくれるというのであれば、今度こそぼくは、2本の矢を持ち帰るだろう。最悪でも、2本目の矢だけは持ち帰るつもりだ。その場合は、1本目の矢にあたる借金は君の厚意に甘えて、そのままにしておこう。――I幕1場

この後、アントーニオーにベルモントのポーシャに求婚に行く資金を借りたいということを伝え、アントーニオーの快諾を得ます。アントーニオーは手持ち資金がないため、シャイロックに自分の身体の肉1ポンドを抵当に入れて借金をしてバッサーニオーに貸しま

す。

バッサーニオーはこうして親友の命を抵当にして借りた資金で、ベルモントへ行く前祝いの派手なパーティーを企画したり、新しく雇い入れた召使いのランスロットに服を新調するのです。もちろん、ポーシャへの貢ぎ物には金を惜しみません。

このようにバッサーニオーの金の使いっぷりは、一般庶民とは大きくかけ離れたものなのです。

バッサーニオーは、運よく正しい箱を選び、ポーシャとその財産を射とめたからよかったものの、もし失敗していれば、取り返しがつかなくなることが容易に想像できます。バッサーニオーのこうした金銭感覚は典型的な浪費家、あるいはギャンブラータイプと称すべきもので、とても褒められたものではないでしょう。

◆借り主アントーニオーのリスク感覚

では、このドラマの主人公の一人、アントーニオーの金銭感覚はどうでしょうか。貿易王としての側面とは別に、金銭に苦しむキリスト教徒に無償で金銭を融通するといった美徳は彼の名声につながったことでしょう。

また、このドラマの終盤に、難破したと思われていた彼の船が3艘《そう》とも無事に港に戻ってくるという展開になり、幸運にも恵まれます。

しかし、彼は一歩間違えれば、すべての財産を失うという事態に陥っていたはずです。つまり、リスクの高い貿易投資をしていたわけです。彼なりにきちんとリスク管理をしていたことと思われますが、バッサーニオーに対しての資金融通は、現代的な感覚から言うとかなり甘いと言わざるを得ません。おそらくアントーニオとバッサーニオの友情は、金銭を超えたものだったのでしょう。

アントーニオーのような金銭感覚を持った実業家は、現代では、ハイリスク・ハイリターンなベンチャー企業のオーナーといったところでしょうか。一歩間違えば地獄をみるということが分かっていて、時として大胆な事業投資をする人たちです。

ビジネスにはリスクがつきもので、それをいかに分散するかが事業存続のカギを握ります。アントーニオーの場合、貿易船を一つではなく三つに分散していました。にもかかわらず、ドラマ途中では船がすべて難破するという情報が入ってきます。この情報がもし事実であったなら、アントーニオーは破産するところでした。

◆資産家の娘ポーシャにみる自制心

では、もう一人の主人公、ポーシャはどうでしょうか。彼女はベルモントの資産家の娘として父の遺産をある条件のもとに相続することになっています。彼女は、自制心が強く働くタイプで、父との約束を守ります。

ポーシャ：もし善い行いを知ることと同じくらい、それを実行に移すことが簡単なら、ちっぽけな礼拝堂は大きな教会になり、貧乏人の小屋が宮殿になってしまうでしょう。もし神父様がご自分の口にするお説教を行うことができるのならば、それはご立派な神父様よ。わたくしが20人に、善い行いを教えることは、自分自身で教えたことを行うその20人の中に入るよりもずっとやさしいわ。理性が感情のために法律を設けても、熱い情熱は分別ある助言を簡単に跳び越える。そんな野兎は青春時代に夢中になる病《やまい》。破れた忠告の網目をぴょんぴょんと簡単にくぐり抜ける。しかし、こんな説明をしたところで、わたくしが夫を選ぶのに何の役にも立ちはしない。ああもういや、「選ぶ」なんて言葉。

わたくしは自分で夫を選ぶこともできず、拒むこともできない。生きている娘の意思は、死んでしまった父親の意思に縛られているの。ねえ、ネリッサ、これって酷《ひど》いとは思わない？　わたくしは一人を選ぶこともできず、誰であっても拒むこともできないなんて。

ネリッサ：お父上は、徳の高い方でした。そして心の清らかな方は、ご臨終のときに、よいお考えが頭に浮かぶと申しますわ。ですから、あの工夫に満ちた金、銀、鉛の小箱の運だめし、正しい箱をお選びになった方がお嬢様と結ばれる。それこそきっと、お嬢様の愛を捧げる正しい方を選ぶ正しい方法ですわ。（後略）——Ⅰ幕2場

このように、父の遺志を忠実に守りながら父の遺産を継承する日を待ちます。そして、バッサーニオーが箱選びをするときがきます。

ポーシャ：（前略）正しい箱がどれかをお教えすることはできます。しかし、それではわたくしは誓いを破ることになります。それは致しかねます。（後略）——Ⅲ幕2場

このように、父への誓いを守りながらバッサーニオーの決断を待つのです。そして正し

い箱を選んだバッサーニオーにすべての財産の権利を与えます。さらにアントーニオーの窮地を聞き及んで、夫となるバッサーニオーに向けて言います。

ポーシャ：そのユダヤ人から借りたお金は、いくらなのですか？
バッサーニオー：私のために、3000ダカット。
ポーシャ：えっ、たったそれだけ？　では、6000ダカット支払ってあげてください。それで借金を帳消しになさって。それでだめなら、その倍、3倍でも構いません。そのようなご友人であれば、バッサーニオー様の過ちのために、髪の毛1本でも失わせてはいけません。――Ⅲ幕2場

こうして必要な金銭は額をいとわず、バッサーニオーに持たせます。
ポーシャはいっぽうでは、慈悲深い精神の持ち主としても描かれています。裁判の最中に裁判官に扮したポーシャが、シャイロックに慈悲を促す有名な台詞です。

ポーシャ：では、ユダヤ人の慈悲に頼るしかないな。

シャイロック：なぜそれを強制されなければなりませんか？ 仰《おっしゃ》ってください。

ポーシャ：慈悲の本質というものは、他人に強制されるものではない。それは天から降る優しい雨のように、下へとしたたり落ちるのだ。それは二重の祝福をもたらす。慈悲を与える者と、それを受ける者が祝福されるのだ。それこそが、最も偉大なものの中でも、とりわけ偉大なもの。王座にある者にとっては、王冠よりもふさわしいもの。(後略)――Ⅳ幕１場

◆『ヴェニスの商人』と現代の国際的ビジネス

現代のビジネスはグローバル化しており、契約重視のシャイロック型ビジネス感覚が前提となっています。つまり、契約した内容はうやむやにならないように書面に記録し、相手に忠実な履行を求めます。

シャイロックは、このドラマの中で公証人立ち会いのもとアントーニオーに判を押させます。その証文に書いてあることの履行を求め、それが正義だと主張するわけです。

シャイロックの場合、憎いアントーニオーの肉１ポンド、つまり命という非人道的な借

金のカタを取るということ自体に大きな問題があったわけです。確かに証文には書いてあっても、その証文の内容自体が、〝正義〟ではなかったので、裁判でポーシャにこの欠陥を突かれます。

本来、契約というものは国や文化、慣習などによって生じる誤解を未然に防ごうという配慮から考え出され、活用されています。ビジネスを円滑に進めるためのツールという位置づけです。

とくにシェイクスピアの時代、神に誓って契約をするといったことが行われていましたので、その拘束力は絶大なものがあったはずです。

現代の日本でも、契約というものへの考え方は変わりつつあります。まだまだ力関係でうやむやにされたり、融通を利かせることを強要されることも現実にはあるでしょう。しかし、少なくともコンプライアンス、つまり法令遵守《じゅんしゅ》ということが以前に比べて重視されるようになってきました。

日本国内でもこういう流れがありますが、欧米を中心とした海外とのビジネスでは、契約書の忠実な実行は、いわば常識となっています。

契約、あるいは約束を守る、という面では、このドラマのほかの登場人物はどうでしょうか。ポーシャは、婿選びに関する父親の遺志を守ります。要領よく立ち回れば、自分の気に入った相手に正しい箱を選ばせることもできるのですが、前述のようにそれをしません。

このポーシャ同様に、アントーニオーも逃げ隠れせず、借金のカタに自分の身体、つまり命をシャイロックに差し出します。理不尽な約束ではありますが、守ろうとします。

主要人物の一人バッサーニオーは契約や法を守ろうという考え方は希薄でした。裁判の場面でのバッサーニオーと、若き法律学者に変装したポーシャのやり取りです。

…………………………………………

ポーシャ：この男は、借金を返すことができないのだな。

バッサーニオー：いいえ、返すことができます。私が代わりに支払うと申し上げております。2倍にして返すと。それでも駄目なら10倍にしてでもお返しします。(中略)どうかお願い申し上げます。たった一度だけ、権威によりまして、大義のために小さな悪を働いてくださいますよう。この冷酷な悪魔に歯止めをかけてください。

ポーシャ：それはできぬ。ヴェニスのいかなる権力も、すでに定められた法を曲げることはできない。それは判例として残り、引用され、そこから多くの過ちが犯されて、結局は国家を脅かすであろう。それはできぬ。――Ⅳ幕1場

バッサーニオーは法を曲げて、友人を助けてくれるよう懇願しますが、バランス感覚のあるポーシャは、それを受け入れません。契約は契約であり、法律で守るべきものとして保証されていることを説きます。

このように、ポーシャは契約や法律を守る精神を発揮しながら、起死回生の逆転劇でアントーニオーの命を助けるのです。西洋社会では『ヴェニスの商人』の時代から、こうして法を守る考え方が常識となっていたと考えられます。

◆多様な価値観の中でどうビジネスを進めるか

シェイクスピアの時代、ユダヤ人はキリスト教信者に嫌われていました。自分たちの救世主イエス・キリストを磔にした民族であることと、金儲けの才能に長《た》けていたためだといわれています。

『ヴェニスの商人』の時代のヨーロッパでは、ユダヤ人は社会から受け入れられていませんでした。しかしシェイクスピアは、シャイロックに、ユダヤ人の立場からの発言をさせています。

アントーニオーに、ユダヤ人だからという理由で唾を吐かれたこと、融資をするときに利息を取るからと罵倒されたことなど、多分に同情の余地がある内容です。ともすれば強欲な金貸しとして悪役にみられがちなシャイロックですが、現代では同情的な見方も広がっています。

現代のビジネス社会でも、このような宗教の違い、社会習慣や価値観の違いにぶつかることがあります。

その際、シェイクスピアの時代のように、異教徒、異分子を排斥すればいいというものではありません。

異なる背景を持つ人をそれぞれ尊重するダイバーシティー（多様性）・マネジメントという言葉があります。日本企業でも、国際化していく中で、宗教、習慣の違いなど、いろいろな歪みが生じています。世代間の価値観の違い、雇用形態などによっても多くの摩擦が起こっています。

こうした問題に対して、『ヴェニスの商人』のすべてがお手本になるわけではありませんが、このドラマを読むことで、多様性というものを考えるきっかけになるのではないかと思います。

◆恋愛物語でもある『ヴェニスの商人』

『ヴェニスの商人』という作品には、3組の恋物語というロマンチックな面もあります。バッサーニオーとポーシャ、グラシアーノーとネリッサ、そしてロレンゾーとジェシカという恋物語です。とくにロレンゾーとジェシカの、以下のやり取りは抒情詩《じょじょうし》としても成立するほど美しいリズムを持っています。ここはぜひ原文を読んで堪能していただきたいところです。

……………………

ロレンゾー：月が輝いている。きっとこんな夜だった、甘い風が木々に口づけをして、どんな音も立てることはなく、きっとこんな夜のこと、トロイラスがトロイの城壁にのぼり、クレシダがその夜眠るギリシャ軍のテントに向けて魂の吐息を送ったのは。

ジェシカ：きっとこんな夜だった、シスビーが怖さをこらえ、夜露を踏んで急いだのは。でも、ライオンの影に狼狽して、逃げ帰ったのは。
ロレンゾー：きっとこんな夜だった、ダイドーが柳の枝を手に持って荒波の海岸ぶちに立ち、恋人にカルタゴへ戻ってくるよう合図したのは。(中略)
ロレンゾー：きっとこんな夜だった、ジェシカが金持ちのユダヤ人から財産を盗み、浪費家の恋人とヴェニスを逃げ出し、はるばるベルモントまで来たのは。
ジェシカ：きっとこんな夜だった、若いロレンゾーが恋人を愛していると言い、何度も嘘っぱちの誓いを立てて彼女の心を盗んだのは。(後略)——V幕1場

◆ビジネスにおける公平さとは

『ヴェニスの商人』の楽しみ方は、もちろん人それぞれに異なります。人肉裁判は、ヒッチコック映画並みのサスペンスを感じさせてくれますし、3組のカップルが無事に結ばれるロマンス劇としても楽しめます。

商習慣が違う者同士がビジネスをする難しさは、現代のグローバル化時代にも十分に通

じる話ですし、多様化する社会の中で公平さ（フェアネス）を考えるきっかけも与えてくれるでしょう。

『ヴェニスの商人』は、喜劇として楽しみながら、こうした深さも味わえる作品でもあるのです。

3章　できるリーダーはなぜ『リア王』にハマるのか

『リア王』は、シェイクスピア四大悲劇の最高峰とみられることが多く、そのスケールや、没落における落差は、ほかの悲劇と比べても大きく描かれています。黒澤明監督は、この『リア王』をモチーフにして、映画『乱』を撮ったことはよく知られています。

かつての国王が、肉親の裏切りに遭い、嵐の中でぼろ布をまとって狂乱するシーンで発する言葉は、あたかもリアと荒れ狂う大自然とが一体となったようです。また、愛しい人や忠実な部下たちを失った悲しさも大きなスケールで描かれているのがこの作品の特徴です。

『リア王』のあらすじ

ブリテン（今の英国の一部）の王リアは、80歳を超え、国を三人の娘に分け与えることを考える。国の分け方をめぐっては、それぞれの娘にどれだけ父親、つまり、リアを愛しているかを口に出して言わせてから、決めることにする。リアのお気に入りは末娘のコーディーリアだった。

さて、国を分ける当日、長女のゴネリルは、自分は言葉に出せないほど父親を愛していて、すべてを捧げると伝える。これを受けてリアは、ゴネリルと夫のオールバニー公爵に国土の3分の1を分け与える。しかし、それはゴネリルの本心からはほど遠い言葉だった。

次女のリーガンも、姉と同じく、すべての愛は父親に捧げると伝える。このリーガンと夫のコーンウォール公爵にも、国土の3分の1を分け与える。リーガンの言葉も姉同様、心にもないものであった。

そして末娘のコーディーリア。三人のうちでリアが最も愛し、老後を委ねようと思っていたこの娘は、リアの予想に反して「言うことは、何もない」と伝える。結婚すれば、半分の愛情は夫に捧げるのは当然のこと、父親一人にだけ愛情を捧げるなどできないときっぱり伝える。コーディーリアは、姉たちのように心にもない言葉を使うことを嫌い、本心をストレートに伝えたのであった。

コーディーリアの言葉に激怒したリアは、最も愛していた末娘には何も与えず、残りの国土を長女と次女に分割して与えることを宣言してしまった。

いっさいの財産を与えられなかったコーディーリアには、二人の求婚者がいた。そのうちの一人、バーガンディー公爵は、持参金なしでは結婚できないと言い出し、フランス王は、それでも結婚すると申し出たため、フランスに嫁ぐ。

リアの忠臣で、末娘が最も愛情深いことを理解していたケント伯爵は、リアの言葉を撤回させようと命を懸けて諫《いさ》めるが失敗に終わる。リアは、ケントを国外追放してしまう。忠誠心の強いケントは、変装して国内に留まり、別人としてリアに再び雇い入れられた上で、リアを守ろうとする。

王位を上の娘たちに譲ったリアは、長女と次女の屋敷に交互に、多数の家来や道化を引き連れて泊まることにする。しかし、王座から降りたリアは、信じられない事態に遭遇する。あれほど自分を愛していると言っていた娘たちは家来の振る舞いを不快に思い、リアにつらくあたるのだ。ついには、リアが個人で雇っている家来など、一人も必要ないと言い出す。

長女ゴネリルと次女リーガンのあまりの豹変ぶりに憤慨したリアは、人間不信になり、徐々に正気を失っていくのを自覚する。リアは姿を変えたケントや道化《どうけ》とともに嵐の中へとさまよい出ていく。ゴネリルとリーガンは嵐の中にいる父親を見捨てて、城の扉を閉じてしまった。

嵐の中のリアは、雨や風、雷の中で長女、次女の仕打ちを大声で嘆き、荒れ狂う大自然に対して恩知らずの人間の種という種を根絶やしにしてしまえと命令する。また、荒野で仮想の裁判を行い、自らを欺《あざむ》いたゴネリルとリーガンを有罪にする。こうしてリアは、ついに完全に正気を失ってしまう。

フランスにいたコーディーリアは、ゴネリルとリーガンのリアへのむごい仕打ちを知らされ、深く傷つき、悲しむ。そして、夫であるフランス王に懇願して、リアの保護と王位復活を目指す。

こうしてフランス軍はブリテンに向けて攻め入るのだが、フランス国内の事情でフランス王は急遽、一時帰国しなければならなくなる。コーディーリアとフランス軍が英仏海峡に面したブリテン領ドーヴァーで待機して父を助け出すべく、機会を待つ。

『リア王』の主な登場人物

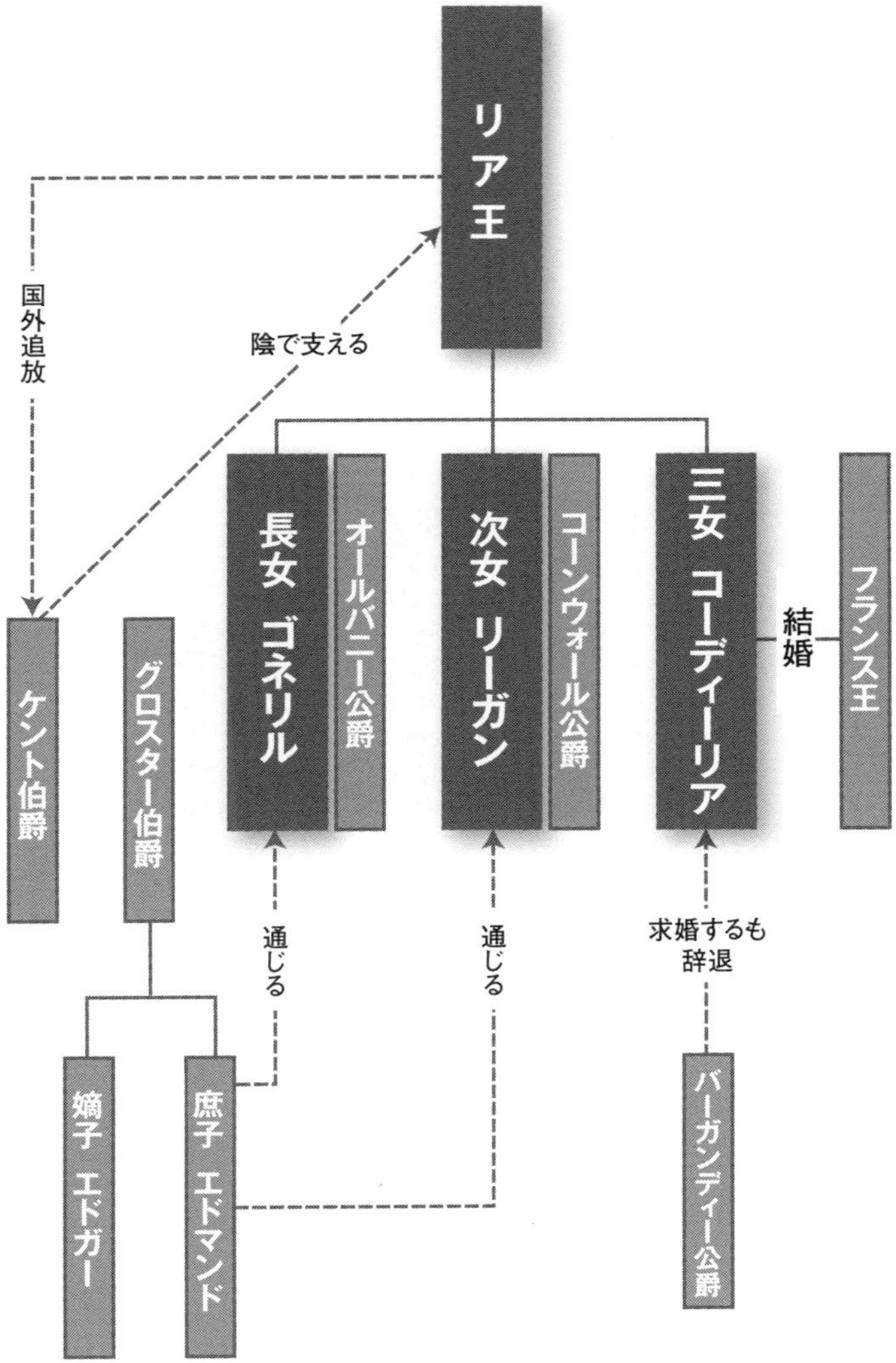
リア王
国外追放
陰で支える
長女　ゴネリル
オールバニー公爵
次女　リーガン
コーンウォール公爵
三女　コーディーリア
結婚
フランス王
ケント伯爵
グロスター伯爵
通じる
通じる
求婚するも辞退
嫡子　エドガー
庶子　エドマンド
バーガンディー公爵

しかし、フランス王がいないフランス軍はゴネリル、リーガンのブリテン軍の前にもろくも敗れ去ってしまう。

リア王をめぐる悲劇に加えて、リアの忠臣の一人グロスター伯爵の悲劇も同時進行する。グロスターには二人の息子がいた。嫡子《ちゃくし》、つまり正式な結婚をした夫婦に生まれた子エドガーと、庶子《しょし》つまり婚外子のエドマンドである。

エドマンドはエドガーをねたみ、陰謀で窮地に陥れる。あたかもエドガーが、父親のグロスターを殺して伯爵の地位を得る陰謀を企てていると誤解させたのだ。その結果、何の罪もないエドガーは追われる立場になる。さらにエドマンドは、配下の者にひそかにリアとコーディーリアを殺してしまうよう指示していた。

グロスターは、ゴネリルやリーガンのリアへの仕打ちにたまりかねて、リアをそっとコーディーリアの待つドーヴァーに逃げ延びさせようとする。それを息子のエドマンドに伝えたために、リーガンやその夫コーンウォール公爵の耳に入ることとなる。

烈火のごとく怒ったコーンウォールは、ゴネリルの指示のもと、グロスターの両目をえぐり取ってしまう。コーンウォールは、このとき、あまりの非道さにたまりかねた臣下の義憤によって切りつけられ絶命する。

いっぽう、エドガーは追っ手から逃げるために狂った物乞いのトムに変装して身を隠す。両目を失い、生きる望みを失った父グロスターと再会し、父には自分がエドガーであることを隠して、悲しみに耐え、涙ながらに父を支えていく。

狂気のリアと、両目と生きる希望を失ったグロスターは、ドーヴァー近くの田舎で偶然再会し、ともに子供に裏切られたことに涙した。

ドーヴァーにたどり着いたリアは、コーディーリアに保護される。完全に正気を失っているリア。しかし、リアが一瞬正気を取り戻し、娘のコーディーリアであることを理解し、二人は和解。これでハッピーエンドと思われたが、エドマンドが放った暗殺者が二人に迫っていた。


兄を謀略で追放したエドマンドは、今度はリアの長女ゴネリルと次女リーガンを色仕掛けでそれぞれ攻略する。夫を失ったばかりのリーガンが、エドマンドを夫に迎えると言い出し、恋敵になった姉ゴネリルに毒杯を飲まされ絶命する。また、夫のオールバニーにエドマンドとの不義の証拠を突きつけられたゴネリルも自害する。

エドガーの証言に基づき、エドマンドの数々の悪事が明らかになる。そして、身分を隠し、兜《かぶと》をかぶったエドガーの挑戦を受けた決闘の末にエドマンドは敗れる。淡い夢をみて、権力の座にあと一歩まで近づいた大罪人の最期であった。エドマンドは死の間際に、コーディーリアとリアを殺すよう指示を出していたことを告白する。

それを知ったオールバニーやエドガー、ケントが食い止めようとするが、コーディーリアはすでに殺害されていた。亡骸になったコーディーリアを抱きながら、リアは狼の遠吠えのような声で嘆き悲しむ。そして、リアもやがてすべての哀しみを背負って、死を迎えて、幕を閉じる。

◆権力の座から降りたリアを待っていたもの

リアと三人の娘、グロスターと二人の息子は互いに裏切りという悲劇をはらみつつ、まるで縦糸と横糸のように物語を鮮やかな色彩に織りなしていきます。

主筋としてのリアの物語は、上の二人の娘の裏切りによる惨劇です。副筋としてのグロスターの物語は、婚外子エドマンドの数々の陰謀により大きく崩れ去る人生を描いています。

『リア王』という作品は、リアの晩年わずかな期間を描くことによってリアのこれまでの生きざまを凝縮して示しています。

80歳を超えたリアは、王位を娘たちに譲り、娘たちによる国土をめぐるいさかいを予防しておこうとしました。リアは臣下たちに慕われ、敬われていることから、国を治めるために全精力を傾け、国王であることに人生を捧げてきたことが想像されます。

しかし、妻に先立たれ三人の娘たちとの関係でいえば、必ずしも実り多いものではありませんでした。上の二人の娘に容易に騙されて、裏切られ、末娘のコーディーリアとのコミュニケーションも、冒頭のシーンではうまくいきませんでした。

リアの性格は、時に押しつけがましいまでの道徳観を持ち合わせていて、周りの者に対する思いやりに欠けていた面もあったようです。それは冒頭でのコーディーリアや、ケントとのやり取りによく表れています。また、臣下を連れて豪放に騒ぐなど、自由奔放な性格であったことも想像できます。

絶対的な権力を持っているときには、こうした側面は周囲からいやいやでも受け入れられる場合もあるでしょう。しかし、いったん権力の座から降りると、周囲も手のひらを返したような対応になり、トラブルのもとになるものです。

リアの場合も、王位から退いてみてはじめて、上の娘たちと自分との絆が実は形だけであったこと、上の娘たちの毒蛇のような本性を理解するに至ったのです。

◆理性が勝ち過ぎるゆえに……

リアの三人の娘たち、つまりゴネリル、リーガン、そしてコーディーリアの性格は極端です。この三人の母親のことはストーリーの中にほとんど出てきませんが、母親が異なるということはなさそうです。

ゴネリル、リーガンは、父親がどれだけ自分を愛しているかを聞いたときに、国土を分けてもらいたい一心で、美辞麗句を並べ立てた周到なスピーチを展開します。リアは本音ではやや割り引いて聞いていたかもしれませんが、上の娘たちのこの周到に用意された愛情表現や、もっともらしい嘘に、その気になってしまいます。

ところが、実際にリアが王位を退き、国を長女と次女に分け与えてみると、長女ゴネリルはリアやその取り巻きに対して嫌みを言ったり、罰を与えたりして冷遇します。また、本来持っていた本性でしょう、凶暴性を発揮して父の逃亡の手助けをしたグロスターの目をえぐり出すようリーガンやコーンウォールに指示をします。

またいっぽうでは、夫オールバニーの目を盗んで色男エドマンドと不倫をします。そして、エドマンドをめぐる恋敵である実の妹のリーガンを毒殺してしまいます。

リーガンも、姉ゴネリル同様、リアに対しては温かみのかけらもみられません。リアを逃がしたグロスターに対して死刑を宣告します。また、夫コーンウォールが臣下に刺殺されると、すぐにそれまで不倫をしていたエドマンドを正式に夫に迎えようとします。

この二人の娘たちには、道徳観も、家族に対する愛情のかけらもありません。リア王に対する冒頭の甘い言葉は、単に国土が欲しかったから言った嘘に過ぎません。リアもこの二人の娘の性格上の問題は薄々感じてはいたものの、そこまでひどいとは思ってもみなかったことでしょう。悪役のエドマンドにしてみれば、強欲なこの二人は利用しやすい存在であったはずです。

これに対して末娘のコーディーリアは、ドラマの終盤で父への深い思いやりをみせながらも、自分の思いを心にもない言葉で飾り立てることを選ばず、本心をあまりにもストレートに表現します。

冒頭のリアとのやり取りの理路整然としたさまは、まさにコーディーリアが理性が勝ち過ぎる性格でもあったことを想像させます。
こうしてコーディーリアは、道徳観や深い慈愛を持ちながら、いたずらに悲劇を生み出してしまいます。

◆リアが失って気づいたこと

『リア王』というドラマの中では、リアが簡単に感情のコントロールを失います。激怒の矛先《ほこさき》は、末娘のコーディーリアに対して大きく向けられます。最も慈しんできた末娘の愛情を得られなかったと勘違いしたリアは、態度を急変して激しい怒りを公の場で爆発させます。有名なリアとコーディーリアの掛け合いをみてみましょう。

リア：さあ、我らが喜び、我らが最も末の、そして最愛の子、その若い愛に、フランスのワインとバーガンディーの牛乳が競っておるわ。さあ、姉たちよりも豊かな3分の1の国土を引き出すために、お前は何を言うつもりだ？

コーディーリア：何もございません、お父様。
リア：何もないと。
コーディーリア：はい、何も。
リア：何もないところからは、何も生まれてこぬぞ。言い直すのだ。
コーディーリア：何と不幸なことでしょう、わたくしは心の思いを言葉に出すことができません。お父様を、親子の絆ゆえに愛します。それ以上でも、それ以下でもありません。
リア：何と、何と、コーディーリア、言葉を少し直しなさい。さもなくば、お前の財産が台なしになるぞ。
コーディーリア：お父様、お父様はわたくしに生を与え、育て、愛してくださいました。わたくしはそれに報いるための義務として、お父様に従い、愛し、尊敬申し上げます。お姉様たちは、お父様だけを愛するのであれば、なぜ夫をお持ちなのでしょう？　幸せにもわたくしが結婚する折、その旦那様と手を合わせて堅い約束をするからには、愛情も、心遣いも、義務も半分その方に差し上げます。お姉様たちのようには結婚致しません、お父様にすべての愛を捧げるとすれば。
リア：お前の心は、言葉通りなのか？

コーディーリア：はい、お父様。
リア：そのように若く、そのように思いやりがないのか。
コーディーリア：このように若く、このように誠実なのでございます。
リア：勝手にするがよい。ならば、お前の誠実とやらを持参金にするがよい。太陽の聖なる輝きに懸けて、夜の女神ヘカテの神秘に懸けて、その力がゆえに我々が生まれ、死んでゆく天体の働きに懸けて、ここにわしは父としてのおまえの保護を拒否し、親子の縁を切り、おまえとは身も心も赤の他人であると誓う。野蛮なスキタイ人、胃を満たすためなら我が子ですら食するという、そいつをこの胸に抱き、憐れみ、救ってやったほうがまだましだ、かつて娘であったお前にそうしてやるよりは。——I幕1場

リアは、最も愛していた末娘のひと言になぜここまで激怒したのでしょうか。

これに関しては面白い話があります。実はシェイクスピアが『リア王』を書いたときに参考にしたといわれている『原リア』というハッピーエンドで終わる戯曲があります。

これは、作者不詳で戯曲として上演されたこともあるのですが、ヒットした作品ではありません。前出の福田恆存氏によると、『リア王』のコーディーリアにあたる、『原リア』

の末娘コーデラは、「相手が王侯貴族でも、愛情のない結婚はしないといって父王を悩ませる。そこで王は一計を案じて、三人姉妹のうち誰が一番自分を愛しているかを問い、もしコーデラが姉に劣らず父を愛していると答えたなら、それなら父の眼鏡に適った婿を迎えろと迫るという段取りになっている。コーデラが王の思惑と異なった返事をし、王は裏切られて怒る（後略）」（出典：新潮文庫『リア王』　福田恆存氏による解題）

確かに『原リア』のストーリーならば、なぜ娘たちに、どれだけ自分を愛しているかを言わせたのかがわかりやすいでしょう。つまり、国を分け与えることを条件に自分を愛していると言わせ、ならば自分が選んだ相手と結婚せよ、という論法なわけです。

しかしシェイクスピアは、そうしたわかりやすい理由づけをせず、あえてリアの性格がその運命を決めるよう、また、運命に翻弄《ほんろう》されるように書いたのです。

シェイクスピアはリアを通じて、人間の感情の不安定さ、そして、その感情をコントロールしたくともできないもどかしさ、すべての人間に共通する愚かさといったものを描きたかったのだろうと思われます。

そして、そうした危うさはその人物の地位や権力、功績に関係なく、人間であれば誰にでも内在するものです。

シェイクスピアは、最終的には王位も、権力もない、すべての〝飾り〟を取り去った人間の本質とは何かということを、悲劇を通じて問いかけたかったのではないでしょうか。

シェイクスピアがこの作品を戯曲として書き、演出をした時期には、すでに英国演劇界で卓越した才能を認められ、最も創作意欲が高かった時期です。

その証拠に彼の代表作といわれる『ハムレット』『マクベス』『オセロー』という悲劇に加えて、いわば悲劇の総仕上げとしてこの『リア王』を書きました。これらの作品を、わずか5年余りのうちに書いているのです。後にこれらの作品は、シェイクスピアの四大悲劇といわれるようになりました。

このようにシェイクスピアは才能に恵まれ、すでに名声にも、金にも恵まれていました。貧乏作家・演出家の時代に描いていた夢も半ば叶っていたはずです。

そんなシェイクスピアが、この時期になぜ悲劇に傾注したかは謎ですが、悩みや悲しみはシェイクスピアを含めてどのような人間にもあり、とくに親子の問題は、社会的地位、権力があっても無関係に起こり得る深刻なテーマでもあります。事実、一連の悲劇を書き出す少し前の1596年、シェイクスピアは最愛の一人息子を亡くします。わずか11歳でした。彼はこの息子に絶大な希望を託していたのです。

リアは、このドラマの中で三人の娘すべてを失います。長女は夫から不倫を責め立てられて自害し、次女は姉と一人の色男の取り合いの末に毒殺され、末娘は姉たちを操ったエドマンドに差し向けられた刺客に殺害されます。

結局、リアは長女と次女からの愛情は、このドラマが始まるずっと以前に失っていたと考えられます。

シェイクスピアは親と子の間にある悩みの深さを際立たせるために、一国の王という立場にあるリアを主人公にしたのかもしれません。

リアの場合は、ブリテンという国の王であり、そのリアがすべてを失って正気を失い、嵐の荒野に一人出ていくという落差は尋常ではありません。シェイクスピアの生きた時代においては、まさに天上から奈落の底へと落ちていくというイメージであったはずです。

リアの荒野での嘆きは哀しく、詩的で美しくさえあります。

……………

リア：風よ、吹き荒れろ、己の頬を裂くほどに。猛《たけ》り狂え、吹き荒れろ。どしゃぶりとなり、洪水を引き起こし、教会の尖塔《せんとう》をのみ込み、風見鶏を溺れさせよ。硫黄の光よ、樫の木を引き裂く稲妻の先触れよ、わしの白髪頭を焼き焦がせ。そして、すべてを揺り動かす雷よ、丸く曲がった大地を平らにしてしまえ。大自然の鋳型《いがた》に裂け目を入れて、恩知らずの人間どもを作り出す種という種を、根絶やしにしてしまえ。——Ⅲ幕2場

こうしてリアの精神は、荒野で原始に還り、自分の怒りを大自然にぶつけます。あたかもリアの心の中にある世界が、嵐、雷となって現実に反映されたかのようです。

◆なぜ〝自分の言葉〟にこだわったのか

『リア王』は父親、つまりリア王だけでなく、三人の娘たちの悲劇でもあります。末娘コーディーリアは頑固で正直すぎたために、父から財産の贈与を受けられず、終盤には殺されてしまいます。

長女と次女は、父王に嘘をついて財産を得た後に、父を激怒させ、荒野に放り出してしまいます。しかし、彼女たちも最終的には殺されたり、自害してしまいます。

このように波乱に満ちた長女と次女ですが、引退した父王のわがままや、その従者の無

法ぶりに辟易《へきえき》している場面などでは、後に露見する毒蛇のような本性を知らないうちは、彼女たちに同情さえ覚えます。

『リア王』の娘たちの最大の悲劇は、こうした性格を父親から、大なり小なり受け継いでいる点にあると思われます。長女と次女は、奔放でわがままなところを受け継いでおり、末娘コーディーリアは、頑固さを父親から受け継いでいます。父親の逆鱗《げきりん》に触れるであろうことが分かっていて、愚直なまでに自分の本心にこだわり続けました。

欧米では、ホワイト・ライといって、悪気のない嘘といわれるものがあります。コーディーリアは、これを使いませんでした。彼女の持つ頑固さは、リアそっくりなのです。

だからリアとコーディーリアが対立する場面で、仲裁に入ろうとする忠臣ケントに対して、リアは「ドラゴンとその怒りの間に来るではない」（I幕1場）と発しています。自分に刃向かうだけのパワーと頑固さをコーディーリアが持っていることを、リアも認めていたわけです。

リアとコーディーリアは、なぜこうまでお互いに自らの発する〝言葉〟にこだわったのでしょうか。コーディーリアは自分の本心を正直に伝えることにこだわり、リアは娘に国土を譲らないと神に誓って発した言葉を撤回させるな、とケントに伝えます。

西洋では一般に、「言葉は神から授かった大切な道具であり、言葉に出すことには霊力がある」と信じられていました。とくにリアの時代は神に誓ったことは撤回をしない、ということが徹底されていたと考えられます。

こうしたことから、リアやコーディーリアが自分の発する言葉にこだわることは、ある意味で当然なのです。

しかし、それにしても、この作品での二人の言葉をめぐるこだわりは、度を越しています。こうしたことから、リアはドラマの冒頭から狂気をはらんでおり、娘たちもそうした性格なり、狂気の種といったものを、持っていたということがわかります。

シェイクスピア作品は、勧善懲悪の道徳劇などと比べると、かなり複雑なストーリーです。誰でも結末が想像できるような予定調和のストーリーにはなっていません。

『リア王』の最大の悪役であるエドマンドにもその言い分があり、悲劇のヒロインであるコーディーリアにも、また問題があります。人間の多様性、一人ひとりの人間の多面性、そしてそれらが複雑に絡み合って引き起こされる想定外の悲喜劇。それはまさに一筋縄ではいかない人生と人間の本質を描いているのだと思います。

◆並行して起こる、もう一つの悲劇

グロスターの抱えるものも、親子、家族のやっかいな問題です。

グロスターには二人の息子がいます。嫡子と庶子、現代風にいえば、婚姻届を出した夫婦の子と、不倫の子ということになりましょうか。生まれてきた側には何の責任もないのに、社会的には生まれてからすぐに差別される、ということに疑問や不満を抱くのはエドマンドだけではないでしょう。

シェイクスピアの描いた、もう一つの家族の悲劇はここが出発点です。野望を抱いて何がいけないのか、このドラマ最大の悪役であるエドマンドの台詞を借りてみましょう。

エドマンド：（前略）父の愛は、お妾さんの子エドマンドと、ご嫡男《ちゃくなん》のおまえと異なるわけではない。「正しい血筋」とはいい言葉だな。では、我がご嫡男様、もしこの手紙が功を奏して、おれの計画通りに事が運んだならば、みごとおれさま、お妾さんの子エドマンドが、ご嫡男様になるのだ。おれは世に出て、栄えるぞ。さあ神々よ、お妾さんの子に味方して

くれよ。――Ⅰ幕2場

◆最大の悪役エドマンドの野望

『リア王』最大の悪役エドマンドは、グロスターの婚外子として、嫡男である兄エドガーの存在を疎《うと》ましく感じていたことが分かります。

ストーリーの最初から、陰謀で父と兄をいさかいに導き、〝グロスター伯爵〟という地位を自らのものにしようという意図を持っています。後にリアの長女ゴネリルと、次女リーガンの隠れた愛人となり、手玉に取ります。コーンウォール公爵が臣下に殺されたあと、一時的とはいえリーガンはエドマンドを夫としてコーンウォール公爵に迎えるといっているほどです。

さらに、自らの野望の邪魔になるリアとコーディーリアを殺すよう手下に命じます。リアは未遂に終わりましたが、コーディーリアは殺されます。ゴネリルとリーガンを同時に手玉に取るだけの男としての魅力を兼ね備えていたことでしょう。頭脳も明断であったことがうかがえます。

◆共鳴する悲劇

グロスターと嫡子エドガーは、このエドマンドに一杯食わされてしまいます。この騙されたグロスターとエドガー、道化、そしてケントがリアと行動を共にします。

グロスターは、この作品の中でリアの心の揺れを増幅させる役割を演じています。リアの悲しみは、グロスターの悲劇を通じてより大きくなるのです。

息子に欺《あざむ》かれ、リアの長女ゴネリルや次女リーガンの差し金でコーンウォールに両目をえぐられ、死地を求めて荒野をさまよいながら、それとは知らずに自らの息子エドガーに再会します。

エドガーは声を変え、物乞いのトムに変装し、父には息子と悟られないようにします。父親の悲惨な姿を目にしたエドガーの心中は、次の台詞によく表現されています。

……………

グロスター：わたくしには、どこへ行くあてもないのだ。だから目などいるものか。目が見えていた頃は、よくつまずいたものだ。世間にはよくみられることだ、何かを持っていると思えば自信過剰になる。ひどい欠陥こそが強みとなることもある。ああ、エドガー、欺かれた父親の怒りの餌食となった者よ。もし万一、生きてお前の身体を、この手で触れることができるなら、そのときこそわたくしはまた目が見えるようになったと言おう。

老人：おやおや、誰だな、そこにいるのは？

エドガー：（傍白）ああ、なんてことだ。誰が言えようか、「おれは今、どん底にいる」と。おれはこれまでよりも、さらにどん底にいるのだ。

老人：狂った物乞いのトムだな。

エドガー：（傍白）だが、まだこの下にはさらなるどん底が待っているかもしれない。「これがどん底だ」と言っているうちは、まだどん底ではないのだ。 ——Ⅳ幕１場

グロスターはエドガーに、自殺をしたいから手伝ってくれと訴え、エドガーは一計を案じます。少しばかりの高さの丘の縁に立たせ、そこを断崖絶壁のドーヴァーの崖であると父に伝えます。グロスターはそれを信じ、飛び降りるのです。

気絶し、自ら命を絶ったと思ったグロスターは、死後の世界に至ったと勘違いし、また声を変えたエドガーに再会します。そうした経緯の後に狂気のリアに出会います。そ

こで、二人はありったけの悲しみを分かち合うのです。

このように副筋であるグロスター家の悲劇は、リアと娘たちの悲劇と共鳴して哀しさを増幅していきます。

◆『リア王』にみる忠臣

リア王は、ケント伯爵やグロスター伯爵といった忠実な部下を持ち、また、部下とは少し違いますが、道化がその心を慰めることになります。ここでは、ケント伯爵に焦点を当てて、主君と臣下の関係を考えてみます。

ケント伯爵は、『リア王』の中ではリアを陰日なたなく支える人物として描かれています。リア王とコーディーリアの間に入って命懸けでリアの暴走を制止しようとしました。それに失敗すると、国外追放の身でありながら、見知らぬ者に変装してリアに新たに雇われ、リアを守ろうと行動を共にします。

最後はオールバニー公爵やエドガーとともに、ブリテン国のさまざまな混乱を収めます。

◆主君の暴走を食い止めようとして

このように、最も誠実な末娘コーディーリアの言葉に激怒したリアを諫《いさ》めようとするのは、忠臣ケント伯爵ただ一人でした。

ケントは正面きって、主君であるリア王に対し堂々と抗議の言葉を伝えます。主君の暴走を食い止めようとして、臣下としての礼も忘れて必死に意見するのです。

そのために、リア王は激怒して、ケントを国外追放にしてしまいます。では、ドラマの中の、リアとコーディーリアとのやり取りの最後から、ケント追放までの台詞を追ってみましょう。

リア：勝手にするがよい。ならば、お前の誠実とやらを持参金にするがよい。（中略）野蛮なスキタイ人、胃を満たすためなら我が子ですら食するという、そいつをこの胸に抱き、憐れみ、救ってやったほうがまだましだ、かつて娘であったお前にそうしてやるよりは。

ケント：王様。

リア：黙れ、ケント。ドラゴンとその怒りの間に来るではない。わしはこの娘を最も愛していた。そしてわしの老後を委ね、優しく世話をしてもらおうと思っていたのだ。（コーディーリアに）ここから立ち去れ、もうおまえの顔などみたくはない。この娘の父親の心を、この娘から取り上げておかねば、心穏やかに墓場に入れぬわ。（後略）

ケント：リア王様、国王として心から敬い、父として慕い、主君として従って参りました。庇護《ひご》を与えてくださる方として、常に祈りの中にご尊名を唱えて参りました。

リア：弓は引き絞られた。矢面《やおもて》に立つではない。

ケント：どうぞ矢を放たれますよう。鏃《やじり》がこの胸を襲いましても構いません。リアが怒り狂えば、ケントは無作法になりましょう。ご老人よ、あなたは何をしようとしているのか。権力が追従《ついしょう》に屈したとき、臣下は怖れ、義務を忘れて沈黙するとでもお思いか。陛下が愚行をなさるとき、率直に申し上げるのが、臣下としての名誉。王国をご自身で統治なされ、そして深く考えなされ、そしてこの恐るべき軽率さに歯止めをおかけなされ。一命を懸けて申し上げます。陛下の末娘様は、陛下への愛が姉上たちに劣ることはございません。声音が低く、空《うつ》ろな響きをさせぬということが、心の中身が空ろということにはなりません。

リア：ケント、それ以上言えば命はないぞ。

ケント：この身など、陛下の敵との戦いに懸けるだけのもの。御身のご安泰のためならば、もともと我が命を失うなど、恐れはしません。

リア：目障りだ、失せろ。

ケント：もっとよくご覧なされ、リアよ。あなた様の視野の真ん中にお留めなさいますよう。

リア：アポロに誓って。

ケント：アポロに誓って申し上げます。無駄に神に誓って仰りなさるな。

リア：このげすの悪党めが。

オールバニー／コーンウォール：陛下、どうかご辛抱を。

ケント：ご自身の名医を殺しなされ、そして汚らわしい病に代金をお支払いなさるがよい。どうか、国を分け与えることをおやめなされ、でなければ、この咽喉《のど》がかれるまで大声で叫びましょう、あなたは非道であると。

リア：よく聞け、この反逆者め。これが貴様の最後の忠誠と思って聞け。おまえはこのわしに、誓いを破るよう求めた。これまで破ったことのないわしにだ。そして思い上がりから、わしの宣告とその実行との間に立ち入ってきた。わし個人としても、王位にある者としても捨て置けん。権力にある者として、罰を与えるからそれを己の報酬として受けろ。これから5日間は、世の中のさまざまな災厄から身を守るために準備するがよい。6日目には、憎たらしい背中を王国に向けて、立ち去るがよい。もし10日目に、追放されたそなたの身がこの領内で発見されようものなら、そのときはおまえの死を意味する。立ち去れ、ジュピターに誓って、これは決して撤回せぬ。

ケント：王様、それではわたくしは、おいとまをいただきましょう。このように御身が枯れ果てては、自由はここには根付かず、この地こそが追放の地となりましょう。（コーディーリアに）お嬢様、神々が御身のご加護をなされますよう。あなた様は正しく考え、正しくご発言されました。（ゴネリルとリーガンに）そしてあなた方のたいそうなお話が、実行に結び付きますように。愛のお言葉が、よい行いをもたらしますよう。では、ケントは諸侯の皆様にお別れを。これまで古い道を進んできましたが、新たな国にその道を求めましょう。――I幕1場

◆〝自分〟を貫き通すことの難しさ

ケントはリア王を心から敬愛し、自らの命を捨てる覚悟でこの物語中、ずっと忠誠を貫きます。このケントの勇気と深い愛情、それはリアにとっては大きな財産だったはずです。この物語の中で、リアを唯一支え続けようとするのはこのケントなのです。ケントもまた、リアに忠誠を尽くしたがために、苦難の道へと進んで行きます。自分の中の正義を貫くということは、とても勇気がいることです。また、時にはこうした悲劇を生む可能性もはらんでいます。

『リア王』の最後、V幕3場の台詞を引用します。リアが亡くなり、国民の悲しみを代弁するオールバニーの台詞からです。

………………………

オールバニー：お亡骸をあちらへお運びするように。さしあたっての我々の務めは、国をあげて喪に服すること。お二人は我が心の友であり、是非、国の統治にご協力いただきたい、深い傷を負った我が国を立ち直らせるために。

ケント：我が身は、間もなくあの世へと旅立つ定め。我が主君のお呼びを拒むことはできません。

エドガー：この哀しい時代の重荷は、我々が背負っていかねばなりますまい。自らの思ったままを口に出しましょう、言うべきだと思うことを口にするのではなく。年老いた方が、最も苦しみに耐えてこられた。我々若者は、今後これほど辛い目に遭いますまい、これほど長く生きることもありますまい。——Ｖ幕３場

「自らの思ったままを口に出しましょう、言うべきだと思うことを口にするのではなく」という台詞は、シェイクスピアの書いた原語では、〝Speak what we feel, not what we ought to say.〟となっています。

ケントという忠臣が、主君であるリア王に追放の憂き目に遭いながら、なおかつリア王を陰で支えるというところが、このドラマのハイライトの一つです。

少しシチュエーションは異なるのですが、忠臣ということでは、日本でもいろいろと舞台で演じられています。有名なところでは、『仮名手本忠臣蔵《かなでほんちゅうしんぐら》』や『勧進帳《かんじんちょう》』がそれに当

たります。

歌舞伎の『勧進帳』では、頼朝から追われ、奥州に逃れる義経や弁慶一行が、安宅《あたか》の関で、関所を守る富樫《とがし》に取り調べを受けます。そこで弁慶が、変装した主君である義経を、金剛杖で思い切り殴りつけます。弁慶は富樫に「こいつが落人《おちうど》の義経と姿かたちが似ているために、俺たちはえらく迷惑しているんだ！」とシラを切ります。富樫はすべてを知った上で、弁慶の心情を察して、見逃すのです。

関を抜けた弁慶は主君に土下座をして詫びるのですが、義経は弁慶に感謝し、主従は手を取り合います。『勧進帳』の見どころの一つです。

こうした主君と忠臣の関係は、現代の上司と部下の関係にも通じます。『勧進帳』と『リア王』では状況的に異なる部分も多いのですが、忠臣としての態度、生き方には共通するものが多いでしょう。

◆いっときの感情で、すべてを失わないために

リアの場合は、すでに冒頭のシーンから多少の狂気が始まっていたのでしょう。コー

ディーリアやケントに対して、自分の感情をコントロールすることはできませんでした。娘たちの言葉を文字通りにしか受け取らず、誤った判断を即座に下してしまいます。

そのために、自分を最も愛し、信頼してくれた娘や忠節な臣下をはじめ、それまで築いてきた大切なものすべてを一瞬で失うことになるのです。

感情をうまくコントロールすることは、人間誰しも容易ではありません。しかし、リーダーと呼ばれる立場の人であればなおのこと、私たちはそうした危うさを常に抱えていることを自覚すべきでしょう。それだけでも、大きな悲劇は防ぐことができるはずです。

4章　決断のタイミングを『ハムレット』に学ぶ

『ハムレット』は舞台を観たり、作品を読んでいなくても、誰でもタイトルくらいは知っているでしょう。

シェイクスピアを代表する作品で、世界で最も多く舞台で演じられているシェイクスピア劇でもあります。

また、〝To be, or not to be, that is the question〟（生きるべきか、死ぬべきか、それが問題だ）、〝Frailty, thy name is woman!〟（弱きもの、汝の名は女なり）、〝Get thee to a nunnery.〟（尼寺へ行け）に代表される名台詞もよく知られています。舞台や映画では、ハムレット役をその時代を代表する名優が演じていることも納得できます。

『ハムレット』は一言で表現すると、復讐劇です。ハムレットの復讐がドラマの冒頭であっけなく終わるようであれば全5幕のドラマは成り立ちませんから、その間、葛藤を引き起こすさまざまな状況がハムレットの前に立ちはだかるわけです。
ハムレットがいかに自らの意思で、父王を毒殺した叔父クローディアスに復讐するか、その間の彼の心の動きが見どころになります。

『ハムレット』のあらすじ

デンマークの王子ハムレットは留学先のウィッテンバーグ（ドイツ）で、父王ハムレット（父王は、主人公と同じ名前）の急死を知らされ、葬儀のためにエルシノア城へ帰ってくる。周囲の説明では、父は庭で昼寝をしているときに毒蛇に噛まれたとのことであった。

父の死からわずか2か月後、ハムレットの母ガートルードは、父王の弟クローディアスと再婚し、クローディアスが新しい王に就任する。ハムレットはまさか母がそのような非常識な再婚をするとは考えなかった。母と叔父の再婚を祝う気になれず、婚礼の席もずっと喪服で通し、憂鬱な顔を崩さない。

その頃、エルシノア城では、夜な夜な父王の亡霊が、甲冑《かっちゅう》姿で現れるという。ハムレットはこれを確かめるために夜中に城壁を登り、周囲の制止を振り切ってこの亡霊と二人きりで話す。

亡霊によると、父王は昼寝をしているときに、父の実の弟であるクローディアスに耳に毒を入れられて殺されたとのことであった。叔父が王位を簒奪《さんだつ》し、母まで奪ったというのである。また、キリスト教では天国へ行くためには、死の間際に懺悔《ざんげ》する必要があるのだが、父はその機会も与えられずに死んだために、昼は地獄で業火《ごうか》に焼かれているのだという。

亡霊の言うことの信憑性《しんぴょうせい》を疑いながらも、もしそれが事実であれば、ハムレットは自らの命をなげうってでも父王の復讐をすることを誓う。ハムレットは、ウィッテンバーグで共に学んだ親友のホレイショーだけには亡霊から聞いた話を打ち明ける。

それからのハムレットは現王や母親、恋人のオフィーリアにすら狂気を装い、毒殺事件の事実関係を調べようとする。そうした折、現王クローディアスの忠実な部下である宰相ポローニアスは、娘のオフィーリアにハムレットの狂気の真相を突き止めるよう指示して、現王や妃《きさき》に取り入ろうとする。

ハムレットの変貌ぶりに驚くオフィーリアは、父ポローニアスや、フランス留学から一時帰国していた兄レアーティーズの、「ハムレットと結婚できると思ってはならない」

『ハムレット』の主な登場人物

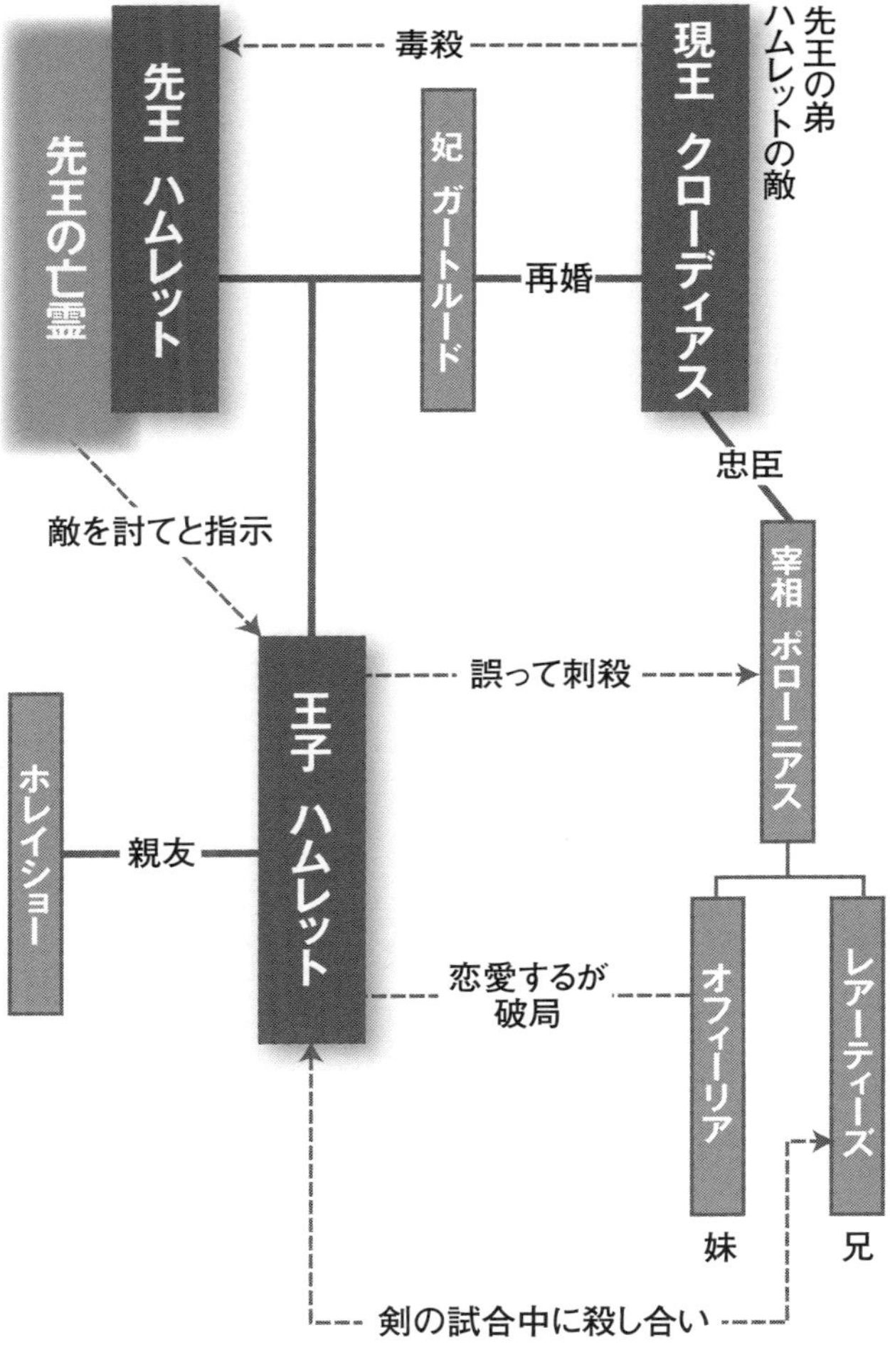
先王の亡霊
先王 ハムレット
毒殺
現王 クローディアス
先王の弟
ハムレットの敵
妃 ガートルード
再婚
忠臣
宰相 ポローニアス
敵を討てと指示
王子 ハムレット
誤って刺殺
ホレイショー
親友
恋愛するが
破局
オフィーリア
レアーティーズ
妹
兄
剣の試合中に殺し合い

という言いつけと、恋人と信じているハムレットとの狭間で悩む。

狂気が凶暴に変わりつつあるハムレットを現王や妃は心配して、ハムレットの幼少の頃の友人であるローゼンクランツとギルデンスターンを招き、心を和ませようとしたり、ハムレットの狂気の真相を探らせようとする。

王と妃はいっぽうで旅役者を使って気分転換をするよう取り計らう。ハムレットは一計を案じ、旅役者たちが演じる『ゴンザーゴー殺し』という芝居に数行台詞を加えて父王の毒殺事件そっくりの場面を上演させる。ハムレットの意図は、その芝居を観た現王がどのような反応をするかで亡霊の言っていたことが事実かどうかの確証を得ようとすることだった。

予想通りクローディアスはこの芝居に激怒し、中止させる。こうしてハムレットは、クローディアスによる父王毒殺に確信を持つ。

王妃ガートルードは、国王を激怒させるような芝居を上演させたハムレットをたしなめるために自分の部屋へ呼ぶ。ハムレットが謁見《えっけん》の間を通って母の居間へ行こうとする折に、一人で兄殺しを懺悔している現王クローディアスを垣間見る。

周囲には邪魔者は誰もいない。これを復讐のチャンスと考えたハムレットは、クローディアスを短剣で後ろから刺し殺そうとするが、思いとどまる。毒殺された父王は死ぬ間際、懺悔のいとまも与えられず天国へ行けずにいる。もし今、懺悔をしているクローディアスを殺したら、天国へ送ってしまうことになるではないか。これでは復讐にならない。

妃はハムレットをたしなめようとするが、ハムレットはこれまでこらえていた母への不満をぶちまけて、ガートルードを追い詰める。母が大声で助けを呼ぶと、壁掛けの後ろで男の叫び声がする。誰かが隠れていたのだ。きっとクローディアスに違いない、そう思ったハムレットは、その男を壁掛けごしに刺し殺す。ところがこの男は、オフィーリアの父ポローニアスであった。

クローディアスはハムレットの暴挙をとがめ、また、国民の批判をかわすためと理由をつけて、英国行きを命じる。実はクローディアスは英国王に国書をしたため、ハムレットを即刻死刑にするよう依頼していたのだ。

ローゼンクランツとギルデンスターンに伴われて英国行きの途上、ハムレットはノルウェーの王子フォーティンブラスがポーランドへ侵攻する姿をみる。名誉のために、命を懸けて進むフォーティンブラスをみて、ハムレットはいまだに敵打《かたきう》ちができない自分のふがいなさを嘆く。

ハムレットはまた、クローディアスの意図を疑い、国書を盗み読みする。そこで自らを殺そうとする現王の真意を知り、偽の国書をローゼンクランツとギルデンスターンに持たせて英国へやり、自らはデンマークへ戻る。

いっぽう、父ポローニアスが恋人ハムレットに殺されたことを知ったオフィーリアは狂気に陥り、川に落ち、自らが溺れることを理解せず、歌いながら死んでしまう。オフィーリアの葬儀は、非常に簡素なものであった。キリスト教では自殺を禁じており、オフィーリアの死に自殺を疑われる点があったためである。

無事に帰国したハムレットは、オフィーリアの葬式に偶然遭遇し、オフィーリアを心から愛していたと激しく泣き叫ぶ。葬儀に列席していたオフィーリアの兄レアーティーズは、ハムレットにつかみかかり、呪いの言葉を投げつける。父ポローニアスを殺され、また、妹までもこのような死に方をした。その責任はすべてハムレットにある、と彼をののしった。

いったんはその場を収められ、互いに別れたハムレットとレアーティーズだったが、クローディアスの陰謀で剣の試合をすることになる。剣の使い手として高名なレアーティーズは、自らの剣は鋭い実戦用のものにすり替え、切っ先に猛毒を塗る。ハムレットは、自らと同じように父を殺されたレアーティーズに同情し、詫びの意味を込めて対戦に同意する。

いざ剣の試合となったが、意外にもハムレットが連勝した。このままでは、レアーティーズがハムレットを毒剣で刺すチャンスがないと考えたクローディアスは、杯《さかずき》にそっと毒を盛りハムレットに差し出すが、ハムレットはあとで飲むと言う。母であり王妃であるガートルードが、ハムレットの健闘を祈って、毒が盛ってあることも知らずに、代わりに飲んでしまう。

このままではハムレットを殺せないと思ったレアーティーズは、休憩のときに、後ろからハムレットを毒剣で突き刺す。ハムレットはこれに激怒し、レアーティーズから毒剣を奪ってレアーティーズを刺し返す。

ガートルードが死ぬ間際、クローディアスが差し出した杯に毒が入っていたと伝え、レアーティーズもクローディアスの依頼でハムレットを殺すために、剣の先に死に至る毒を塗ったことを伝える。

ハムレットはこれを聞いて、自らの死期を悟り、クローディアスを毒の剣で突き刺し、母が誤って飲んだ毒杯をクローディアスの口に押し付ける。こうして父王の敵クローディアス、ガートルード、レアーティーズと主要な人物が死んでいく。

ハムレットのあとを追おうとする親友のホレイショーを、残りわずかの命のハムレットは必死に止める。ハムレットは、ホレイショーが生き続けてこの出来事の真実を広く伝えること、そして英国への途上で会い、ともすればくじけそうになる自分の敵打ちへの勇気を奮い立たせてくれたノルウェーの王子フォーティンブラスにデンマークの統治を任せることを言い残して死んでいく。

◆決意とためらいを繰り返す人生

主人公ハムレットが復讐を果たすまでの間に、何度も決意と逡巡《しゅんじゅん》を繰り返します。それが次のような流れです。

・エルシノア城へ帰って、ずっと喪服を着ていた。ガートルードとクローディアスの結婚式もこれで出席し、叔父と母のあまりにも早い結婚に無言で不満を示す。
・父王ハムレットの亡霊と、命の危険を覚悟して深夜に一対一で話をする。
・亡霊の話を聞いて、もし亡霊の言っていることが真実なら父王の敵クローディアスに復讐すると心に誓う。
・亡霊の言うことは、事実であるか確かめることにする。
・周囲を欺くため、狂気を演ずる。恋人オフィーリアにも本心を明かさない。
・自分に与えられた復讐という使命の大きさに耐えかねて、生き続けるべきか、死んで楽になるか迷い、生き続けることに決める。
・クローディアスが本当に父王を毒殺したかを確かめるため、旅役者に父王が毒殺されたのと同じシーンを演じさせ、クローディアスの表情をみて判断することにする。
・クローディアスが一人で懺悔をしているところで、父王の敵打ちをしようとするが、懺悔中の人間が死んだ場合、天国へ行くと信じられているので、その場での敵打ちをあきらめる。ちなみに父王は、懺悔もできないまま死んだため、その亡霊は昼は地獄の業火に焼かれ、夜はあてどなく地上をさまよっている。
・母から芝居での無礼をたしなめられると、母をののしり、母への不満をぶつける。
・クローディアスから、英国行きを指示され、不本意ながらそれに従う。
・英国への途上、ノルウェー王子フォーティンブラスが名誉のために戦いに行く姿をみて、自らが敵打ちをできずにいるふがいなさを嘆く。
・クローディアスのしたためた英国国王への親書に疑念を持ち、開封して自分が殺されようとしている事実を知る。また、内容を改ざんして、ローゼンクランツとギルデンスターンを身代わりにする。
・エルシノア城へ戻って、復讐をすることを強く誓う。
・剣の名人であるレアーティーズとの剣の御前試合を承諾する。
・卑怯にも後ろからレアーティーズに突き刺され、激怒してレアーティーズを刺し返す。
・死ぬ前のわずかな時間に、クローディアスを剣と毒杯で殺し、復讐を果たす。
・後追い自殺をしようとするホレイショーを止め、これまでのいきさつを広く伝えるように指示する。また、デンマークを、ノルウェーの王子フォーティンブラスに譲るように指示。

こうしてさまざまな曲折を経て、最終的に父の敵打ちを果たすことができたハムレットですが、なかでも4つの大きな決断ポイントがありました。①復讐を決める、②生きるべきか、死ぬべきか、を決断する、③懺悔中のクローディアスへの復讐を思いとどまる、④フォーティンブラスとの出会い、の4つです。

①復讐を決める

若いハムレットは亡霊の言葉に、自らの命を惜しまず、父王の敵クローディアスへの復讐を誓います。どのような犠牲を払っても復讐すると、彼は一度は誓うのです。

ハムレットは母ガートルードが叔父クローディアスと結ばれること、それも父王が亡くなってからわずか2か月という短期間での再婚に納得できず、心の中にもやもやを抱え、ずっと喪服で通します。そんな心のもやもやを晴らそうと亡霊と一対一で対峙したところ、父王の死の真相を聞かされます。

それを聞いたハムレットは、大きなショックを受けて、自分のこれからの命の使い方を決断します。つまり、復讐のために残りの生涯を捧げることにしたのです。

とはいえ、亡霊というものは悪鬼である可能性もあり、いわれなくハムレットを地獄へ引きずり込むために、嘘をついているのかもしれないという危惧から、彼は慎重になります。ハムレットは、亡霊の言葉をうのみにしてすぐに行動を起こしたりはしませんでした。

②生きるべきか、死ぬべきか

一度は敵打ちを決意したものの、クローディアスの父王毒殺の確証を得られません。悶々《もんもん》としている時期のハムレットは、眠れぬ日々を過ごします。いっそ死んでしまえば、ずっと眠っていられるとの思いが頭をよぎります。

しかし、そこでハムレットがもう一つ気づいたことは……。『ハムレット』の中で最も有名な台詞をみてみましょう。

ハムレット：生きるべきか、死ぬべきか、それが問題だ。どちらが高貴な心と言えるのか、こうしてたけり狂う運命の矢や弾《たま》をじっと耐え、忍ぶというのか、それとも、怒涛《どとう》の海に武器を手にして打って出て、とどめを刺すのか。死する、それは眠りにつくこと。それで終わる。眠りにつけば、それで心の痛みも、肉体があるゆえの千のぶつかりあいにもピリオドを打つことができる。そういう終わり方ができるのだ。死んで、眠ろう、眠れば、夢をみるかもしれぬな。ああ、そこだ、障害は。現世の衣を脱ぎ捨てて、死の眠りの中で、どのような夢をみるのだろうか？　それゆえにためらうのだ。だからこそこのように永い人生を送ることになるのだ。そうでなければ、誰が耐え忍ぼうか、世の中の鞭打つような軽蔑を、権力者からの迫害、おごれる者の侮辱、砕け散った愛の激痛、のろのろとした法律、役人どもの横柄な態度、寛容がゆえに傲慢なやつらに耐え忍ばなければならぬとは。誰が好んでこのようなことを耐え忍ぶだろうか。短剣を一突きすれば、逃れられるではないか。ぶつぶつ言いながら汗を流してつらい人生を送り続けるのは、ただただ、死後への不安からくるもの。帰ってきた者がいない未知のあの世。それゆえに意志が鈍るのだ。知らぬあの世に飛び込むよりは、この世で慣れた不幸に耐えるのだ。こうしてあれこれ考える力というものが、我々すべてを臆病者にしてしまう。決意をする血の色が、こうして憂鬱な考えという蒼《あお》ざめた塗料で塗り隠される。そして、偉大な高さを持つ計画もこうして流れに乗れずに失敗に終わる。――静かに！　麗《うるわ》しいオフィーリア、森の女神よ、おまえの祈りの中に、我が身の罪の数々へのお許しも忘れずに。――Ⅲ幕1場

こうしてハムレットは悩みに悩みます。『ゴンザーゴー殺し』に仕掛けを加え、真実を

見極めようとするのです。

③懺悔中のクローディアスへの復讐を思いとどまる

『ゴンザーゴー殺し』の一件で、ハムレットは父王を毒殺した犯人は、やはりクローディアスであったと、確信を持ちます。

いっぽう、ハムレットの敵クローディアスは兄殺しの罪の、その深さを改めて自覚します。天に救いを求めつつも、もがけばもがくほど自らの罪深さに苦しみ、神の前に膝を折って懺悔しているのです。

これを見たハムレットは、周囲に誰もいないことから、今ならやすやすと復讐できる、と考えます。しかし、すぐに思いとどまります。前述のように、父王を地獄に送った張本人を天国に送ってなるものか、という思いが働くのです。

ここでハムレットが復讐を思いとどまることで、その後のハムレットは数々の試練に見舞われることになります。英国行きをはじめとして、レアーティーズの毒剣や、クローディアスの用意する毒杯など、ハムレットを陥れる罠が次々に仕掛けられるのです。

④フォーティンブラスとの出会い

ハムレットは英国行きの途上、偶然ポーランドへ攻め入るフォーティンブラスの行軍に遭遇します。

これをみたハムレットは、自分が父王の復讐をできずにクローディアスの言いなりになって、英国に送られようとしているふがいなさを嘆き、自分を鼓舞します。こうしてハムレットは、改めて復讐への決意をします。

このようにハムレットは何度かの決意と逡巡を繰り返しながらも、最終的に敵打ちを果たします。しかしクローディアスの陰謀から、レアーティーズとの剣の試合の最中に、毒剣に倒れます。そしてホレイショーに遺言を伝えてから、〝The rest is silence.〟（あとは沈黙のみ）という言葉を残して、永遠の眠りにつくのです。

◆対照的な二人の行動パターン

ハムレットには、このドラマが始まったときから、「復讐するのか、しないのか」という選択肢しか与えられていませんでした。しかし、ハムレットは運命に従って、勢いのままに行動に移したわけではありません。

これがもし、レアーティーズであれば、亡霊の言葉を聞いてすぐに王を殺すという行為に走ったかもしれません。

実際、父ポローニアスの死を聞いたレアーティーズは、フランスから帰国してクローディアスのところに猛抗議に行きます。そこで父ポローニアスの死のいきさつをクローディアスから聞いて、すぐにハムレットを殺すことを決め、そのための行動に直線的に進みました。

もちろん、妹オフィーリアの死と、彼女の葬儀へのハムレットの乱入に対しても感情が高ぶり、ハムレット殺しに執念を燃やします。すべての元凶がクローディアスにあるなどということには思いが至らないのです。

レアーティーズは、事の真相を探り、事実を判断してから慎重に行動に移すといったタイプではありませんでした。ハムレットの場合は、慎重に真相を探り、確証を得てから、行動に移そうとします。二人は対照的な人物として描かれているのです。そのためハムレットは、自らの死期が迫ってから、やっと復讐を果たせたのです。

◆運命に翻弄された悲劇のヒロイン

オフィーリアは、純粋であり、それがゆえに悲劇のヒロインになってしまいます。もっと計算高い人物であれば、これほどまでに悲しい運命には陥らなかったはずなのです。

恋人であるハムレットに対して忠実であると同時に、父や兄に対しても忠実であろうとして、板ばさみになって苦しみます。さらに父ポローニアスは、恋人ハムレットに誤って刺殺されます。結婚を夢みた愛しい王子に、父親を殺されてしまうのです。ハムレットは、それに対して反省の色をみせません。

彼女はこうしたことから、正気を失い周囲の哀れを誘います。国王や王妃の前で花飾りを身につけ幼児返りしたように戯《たわむ》れます。そしてついには、川べりで手を伸ばした拍子に川に落ち、歌をうたいながら溺れて死んでしまうのです。

キリスト教的な戒律によって、死因に不明な点があるという理由で葬儀も控えめになされます。キリスト教では自殺は厳しく禁止されていたからです。

オフィーリアの心は美しく純粋で、シェイクスピア作品を代表する悲劇のヒロインです。

何の落ち度もないからこそ、その運命に翻弄された人生はもの哀しいのです。

◆王妃ガートルードは〝どこまで〟知っていたか

この作品のもう一人の悲劇のヒロイン、王妃ガートルードもまた波乱の人生です。

彼女はハムレットの母親であり、先王ハムレットの妃、そして先王が毒殺されてからものの2か月で先王の弟クローディアスの妻になります。ガートルードの息子ハムレットへの愛情は本物であり、また、二度目の夫クローディアスと共謀して先王を殺したという証拠はありません。

先王の亡霊はハムレットに、ガートルードがクローディアスに誘惑されて、ついには不義密通をしたと伝えます。また、ラストシーンでのホレイショーの言葉から、先王の生前からガートルードとクローディアスは不倫関係にあったとも取れます。

しかし、少なくともこのドラマの中では、ガートルードが毒殺事件を知っていたということの証拠は示されていません。

ただ、ガートルードは、クローディアスがハムレットに飲むよう促した毒杯を、ハムレットがまだ咽喉が渇いていないといって飲まなかったため、息子ハムレットの勝利を祈って乾杯してしまいます。

クローディアスはガートルードが倒れたのは気絶であるとごまかそうとしますが、ガートルードはハムレットに、杯には毒が入っていたと伝えて息絶えます。こうしたことからも、ガートルードが先王ハムレットの毒殺に加担したとは思えないのです。

◆「弱きもの、汝の名は女」の真意

ガートルードの人生における最大の過ちは、甘い言葉で誘惑するクローディアスの本性を見抜けずに再婚を決めたことでしょう。ハムレットの父の生前から不義密通していたとも取れますが、たとえ死後であったとしても大きな問題を抱えることになります。

シェイクスピアの生きていた当時の英国では、夫婦は結婚して結ばれることによって、〝血が混じり合う〟と考えられていて、義理の兄弟姉妹と結ばれることは近親相姦になるとして、教会法で禁じられていたようです。デンマークでもそれは同じようなもので、ハムレットの憂鬱はこうした背景もあったと考えられます。

ハムレットをして、「弱きもの、汝の名は女」（I幕2場）と言わしめたのは、このガートルードの意志の弱さがあったからだと考えられます。

◆野望を果たした先に待っていたもの

このドラマの悪役クローディアスは、実の兄が庭で昼寝をしているときに、耳の中に毒をたらして殺し、王位簒奪と美しい妃ガートルードとの結婚という野望を果たしました。

また彼は、甥《おい》であり息子になった王子ハムレットがこのことに感づいたのではないかという疑念を抱きます。

そのため、自らの忠実な部下である宰相ポローニアスを利用してハムレットがどの程度真相に近づいているのかを探ろうとします。

クローディアスはハムレットの敵役として、この劇中で常に対立します。そして、ハムレットが仕組んだ芝居『ゴンザーゴー殺し』の一件で、ハムレットが毒殺事件の核心に至ったと知ります。

それからの彼は、ハムレットを殺す機会を狙い続けます。表面上は、新たに息子になったハムレットが悩み、正気を失ったことに心を痛める、というそぶりをして周囲を欺きます。そして、ハムレットに何重にも罠をかけ、最終的に殺してしまうのです。まさに、奸《かん》智《ち》といってよいでしょう。

クローディアスはいっぽうでは、懺悔の独白のシーンにあるように、自らの罪の深さに怖れおののき、神に許しを乞うという極めて人間的な側面も持ち合わせています。

◆現代にも通じる人生訓

ポローニアスは、レアーティーズとオフィーリアの父として、また、デンマークの宰相として登場します。ポローニアスは、デンマーク国王の急逝《きゅうせい》に一時帰国していた息子が、留学先へと戻る際に、人生訓ともいうべき名言を残しています。おそらくシェイクスピア時代の知識人の心得ともいうべきものだったのでしょう。今でも十分通用するものばかりです。

………

ポローニアス：レアーティーズ、まだここに？　船に乗り込め、乗り込め、遅れる前にな。

風は帆に吹き込む用意を済ませておる。おまえが乗り込むのを待ちかねているぞ。おまえの無事を祈る。ところで、二、三、言って聞かせるから心に刻んでおくのだぞ。何か頭に浮かんでもすぐに口に出してはならぬ。すっとんきょうな考えを軽率に行動に移してもならぬぞ。人との付き合いはほどよくせよ。親友にすべき人間であれば、鉄の鎖をつけておけ。卵から孵《かえ》ったばかりのヒヨコたちと気軽に手を握り合ってはならぬ。口喧嘩には巻き込まれぬよう注意せよ。しかし、一度口喧嘩になったらな、相手が敬遠するくらいまで徹底してやれ。人の話をよく聴き、自分が口を開くのは控えよ。他人の意見をしっかり聴き、自らの判断は控えよ。金がある限り身のまわりのものに金をかけるのだ。趣味が悪いものは身につけるな。上等で、しかもけばけばしくないものを身につけるのだ。人は服装で中身が推察できる。この点は、フランスの高貴な方々に倣《なら》え。金の貸し借りはいかん。貸せば最後、金も、友も離れていく。借りれば質素倹約の心がしぼんでくる。そして最も大切なことは、決して自分を失うな。夜も、昼もだぞ。そうすれば、他人に対しても不本意なことはせぬはずだ。では旅立つのだ。わしの言葉、心に刻むのだぞ。──

──I幕3場

こうして息子に処世術を教えるポローニアスでしたが、国王や王妃に気に入ってもらおうと、娘のオフィーリアを使ってハムレットの本心を探らせようとしたり、ガートルードとハムレットの会話を壁掛けの後ろで聞いていて、あとでクローディアスに知らせようとしたりと、いろいろ小賢《こざか》しく立ち回ります。息子には軽率な言動を戒めたにもかかわらず、自らは言行不一致を絵に描いたようです。

その結果、壁掛けの後ろで大声をあげたところをハムレットに誤って刺し殺されてしまいます。この作品の中でポローニアスは、ローゼンクランツやギルデンスターンと同様、コミック・リリーフ（『ハムレット』のような深刻な劇にあって、観客の緊張を和らげようと、滑稽な行動をする人物）の一人として描かれています。

ポローニアスは旅芸人が到着したときに、ハムレットに向けた自慢話として、「ジュリアス・シーザーを演じたことがあり、神殿でブルータスに殺された」と伝えています。この台詞は、後にポローニアス自身がハムレットに殺されることを考えると、シェイクスピアの使ったドラマティック・アイロニー（劇を引き立たせるための皮肉）であることが分かります。

◆もう一人の悲劇の主人公レアーティーズ

この作品の主要登場人物にはもう一人、レアーティーズがいます。『ハムレット』は、このレアーティーズの悲劇でもあるのです。彼がフランスにいる間に、父ポローニアスはハムレットに刺殺されます。急いで帰国してクローディアスに父の死の真相を告げるよう迫ります。

そこでハムレットによる刺殺であったことを理解した彼は、ハムレットへの復讐を誓います。まるでハムレットが自らの父王の復讐を誓うように、レアーティーズも自らの父の復讐を誓うのです。

レアーティーズとクローディアスがハムレット殺害の計画を練っていたときに、最愛の妹オフィーリアの死を王妃から聞かされます。そして妹の葬儀にハムレットが乱入し、乱闘になります。

そして剣の試合にかこつけたハムレット暗殺計画を実行するのですが、最後はハムレットが奪った毒剣に刺されて死にます。死を前にして、ハムレットに、実はこの剣には毒が塗ってあり、ハムレットはあと数十分の命であること、クローディアスがハムレットを殺そうと画策して仕組まれた御前試合であったことを打ち明けるのです。
こうしてレアーティーズは、この作品のもう一人の悲劇の主人公として命を落とします。

◆直情的な行動の危うさ

このレアーティーズは妹思いという側面も持ち合わせます。I幕3場で妹オフィーリアとのやり取りです。

レアーティーズ：身のまわりのものは、船に積み込んだ。では、ごきげんよう。そして、オフィーリア、妹よ、風が邪魔をせずに、船の便があるようなら、ねぼけていないで手紙を書いておくれ。
オフィーリア：書かないとでもお考えですか？
レアーティーズ：ハムレット様からのご親愛はいっときのお気の迷い、若さゆえのいっときのお気持ち、殿下の若きときにだけ咲く菫《すみれ》の花だ。早咲きで、永くは続かぬ。甘く、しかしいっときのもの。いっとき香るが長続きはせぬ。

オフィーリア：本当にそれだけかしら？

レアーティーズ：もう考えてはいけないよ。肉体が強く、大きく成長するだけでなく、この肉体の寺とでもいうべき入れ物が大きくなるにつれて、心や魂も成長してくるものだ。おそらく今、ハムレット様はおまえを愛しているだろう。今はそのお気持ちに穢《けが》れない、正直なところであろう。しかし、恐れなければならぬのは、あの方のお生まれの重さだ。あの方のご意思はお一人のものではない。あの方も、ご自身の生まれながらの運命に従わなければならぬ。あの方は、生まれの卑しい者たちとは異なり、ご自身で運命を切り開くというわけにはいかぬのだ。あの方の選択は、国家全体の神聖と繁栄にも関わる。したがって、あの方の選択には、国民の意思という制約を受けるのだ。だからもしあの方がおまえを愛しているといっても、そしてそれをおまえが本気にしたとしても、あの方の地位では、お言葉を実行するにあたっては、デンマーク国民の総意が必要なのだ。だからもしおまえがあの方のうたう歌を信用しすぎて、あるいは心を奪われ、あるいはたび重なる求めに応じて、おまえの操を開こうものなら、おまえの名誉を失うことになろう。恐れるのだ、オフィーリア、恐れるのだ、愛しい妹よ。欲望が降り注ぎ、危険にさらされぬよう愛情の後ろに隠れているのだ。つつしみ深い女にとって、月にその美しさをさらすことすら放蕩とみなされるだろう。貞淑な娘であっても、世間から何を言われることやら。春を彩る若草も、まだその蕾《つぼみ》の開く前に虫の餌食になって枯れ果てるもの。清き朝露も、毒気にやられやすいもの。気をつけるのだよ。用心に勝るものはない。若いということは、それだけでやっかいなものなのだ。

オフィーリア：この素敵なお教えを心の見張り番と致します。でも、お兄様。罰当たりの牧師様のように、私にだけけわしく、厳しい天国への道を教えながら、ご自身は身を持ちくずした遊び人。歓楽に身を持ちくずして自分のたれた教訓にそむく、そうならないかしらね？

レアーティーズ：余計な心配だよ。どうも長居をしすぎたようだ。――Ｉ幕３場

レアーティーズの場合は、ハムレットとは異なり、若さゆえに直情的な行動をする人物として描かれています。時が時であったなら、ハムレットの友人に、また、ハムレット王権の補佐をする人物の一人になれたことでしょう。しかし、ハムレットやホレイショーほど冷静に考えることのできなかった彼は、クローディアスの言葉に操られてしまいます。せめてもの功績は、死を覚悟してからは、毒剣を用意してハムレットを殺す羽目になっ

た自らの行為を懺悔する、ということでしょう。公衆の面前で悪事の黒幕が現王クローディアスであったと証言します。これにより、デンマーク国民にとってハムレットの復讐劇に正当性を持たせることになりました。

◆迷い多き人生の中で

『ハムレット』は、なぜこれほどにも多くの人びとに愛され、世界中のどこかで絶えず上演されているのでしょうか。

私たちは日々、大小さまざまな選択を迫られ、その都度、意思決定をしながら生きているといえます。時に迷ったり、後悔したりすることも少なくありません。ハムレットのように、いったん決断したことをなかなか実行に移せずに、自分のふがいなさを責めることもあるかもしれません。

そんな弱さも含めた「人間」ハムレットが、迷いながら、苦しみながら、自ら運命に立ち向かっていく。そこに共感・共鳴する人が多いのではないかと思います。

5章　『真夏の夜の夢』に見る、想像力とコミュニケーションセンス

『真夏の夜の夢』は、シェイクスピアのロマンス喜劇を代表する作品です。この作品は、シェイクスピア作品の中で最も想像力に富んだ作品といわれています。現代でも上演回数が多く、知名度という点では喜劇の中でもナンバーワンです。もっと若い頃に手掛けた『間違い続き』や『じゃじゃ馬馴らし』などの写実的な喜劇と比べてみると、妖精など幻想的な登場人物、場面展開の面白さ、台詞の美しさなどが際立った魅力的な作品です。

この作品は貴族の婚礼時に上演することを前提に書いた劇だといわれています。したがって、作品の中心となる公爵とその婚約者は平穏に、若い恋人たちは紆余曲折を経て、最終的にすべてのカップルが結ばれ、喧嘩をしていた妖精の王と女王も仲直りをするというハッピーエンドになっています。

『真夏の夜の夢』のあらすじ

舞台はアテネの大公《たいこう》シーシアスの宮殿から始まる。結婚まであと4日と迫ったシーシアスと、婚約者であり、アマゾン族の女王であるヒポリタは、婚礼が待ち遠しくて仕方がないといった会話をしている。

そこにアテネの老人イージアスが、美人で背の低い娘ハーミアを連れて相談ごとにやってくる。イージアスが決めたディミートリアスとの婚礼を、ハーミアが承知せず、ライサンダーという青年と結婚すると言い出したとのこと。

当時のアテネの法律では、親の決めた結婚を断れば、死刑になるか、永久に世間との交わりを絶つしかない。それでもハーミアはライサンダーと結婚するとして、父の決めた結婚相手ディミートリアスとの結婚に首を縦に振らない。

また、このディミートリアスはもともとヘレナという背の高い若い女と結婚を約束していたが、ディミートリアスの心変わりにより、ヘレナは失恋した形となっていた。

ハーミアはどうしてもライサンダーと結ばれたいと強く願うものの、アテネの法律は大公のシーシアスにも変えられず、また、ハーミアの父イージアスもライサンダーと娘との結婚を認める気配はない。大公は、自分とヒポリタの婚礼の晩までに心を決めるよう、ハーミアに伝える。

ハーミアと恋人ライサンダーはひそかにアテネの法律の届かない場所まで駆け落ちする約束をする。ライサンダーの叔母が住む、アテネから離れた田舎で結婚するつもりなのだ。そして、待ち合わせの場所として互いに知っている森を選んだ。ハーミアはそれを友人のヘレナにだけ話したが、ヘレナは今となっては片想いのディミートリアスにこっそり告げてしまう。こうして恋人たちと、それを追う二人が森へと向かう。

大公シーシアスとヒポリタの婚礼を祝うために、職人たちが恋愛劇を稽古している。古代バビロニアを舞台とした恋愛悲劇の登場人物ピラマスに、恋人のシスビー、壁、月の光、ライオンといった役柄を割り振りし、台詞がうまく言えないながらも一所懸命に稽古している。

いっぽう、妖精の世界では王のオーベロンと女王のタイターニアがささいなことで喧嘩している。オーベロンは、いたずら好きな妖精のパックにいくつかの魔法をかけるよう指示する。たとえば「浮気草」の花の汁を、タイターニアが眠っているときに、まぶたにひとたらしするように指示する。その汁に触れると、目が覚めてはじめて目にするものに恋してしまうとのこと。それがライオンであれ、熊であれ。

またオーベロンは、ハーミアとライサンダーを追って来たディミートリアスが、かつて言い寄ったヘレナに対して冷たい仕打ちをするのを見て、「〝アテネの服〟が目印の青年がいるから、眠ったらまぶたに同じ汁をひとたらしするように」と伝え、また、その青年が目を覚ましたときに見るのはヘレナであるようにと指示する。そうすれば、ヘレナにまた恋するであろうと思ったからだ。

しかし、パックが汁をたらしたアテネの服を着た青年は、なんと、ハーミアの恋人ライサンダーであった。こうして恋は意外な方向へ急展開する。ライサンダーは恋人ハーミアを棄ててヘレナに走る。ヘレナは自分がからかわれていると思い、ライサンダーから逃げ回る。

妖精の女王タイターニアが目を覚ましたときに見たものは、パックのいたずらで頭をロバにされた職人ボトムであった。タイターニアはこのロバ頭の職人に一目惚れ。妖精たちを使ってこのボトムに至れり尽くせりのサービスをし、まるでハーレム状態に。

『真夏の夜の夢』の主な登場人物

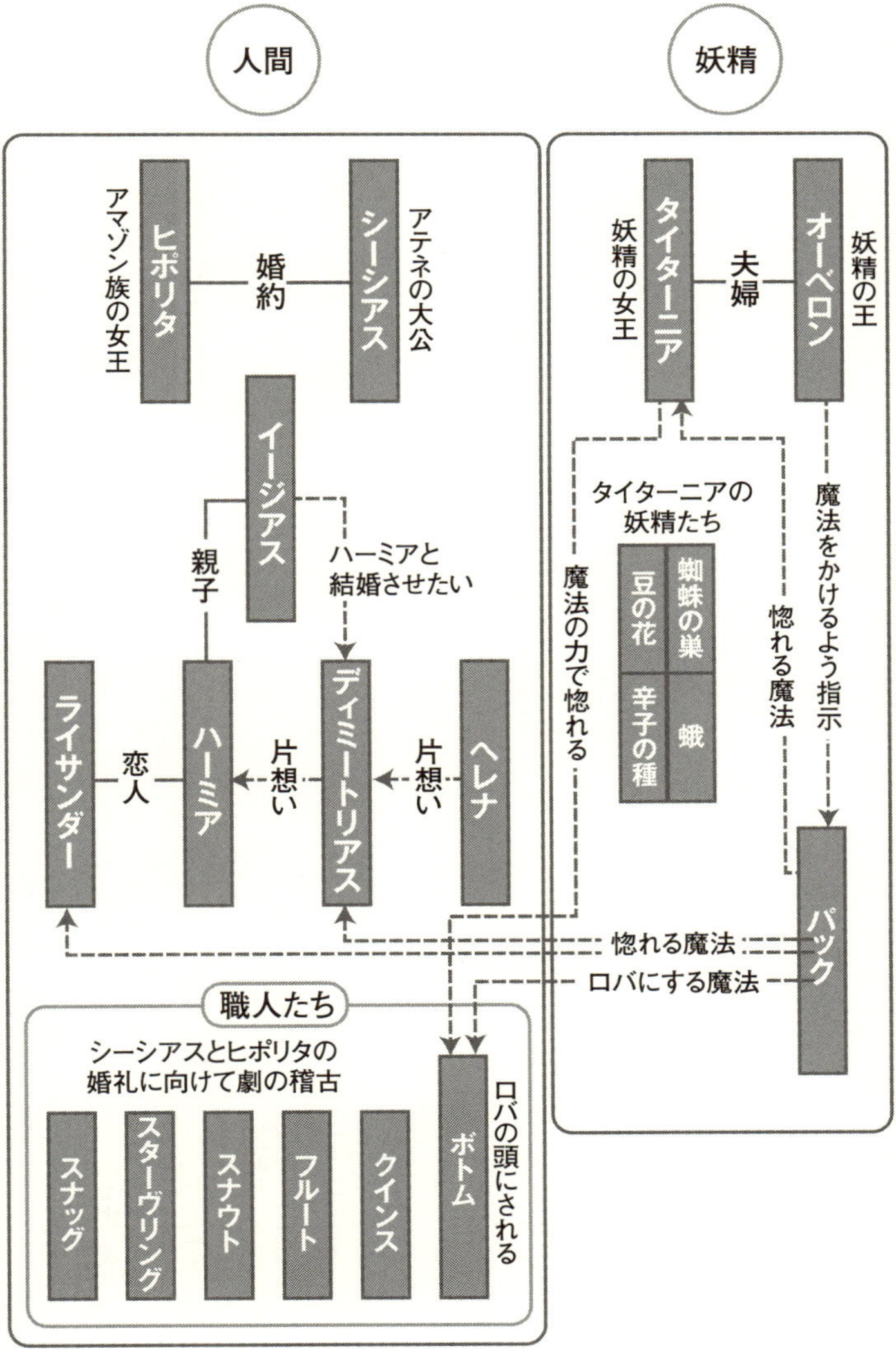

人間
妖精
ヒポリタ
アマゾン族の女王
婚約
シーシアス
アテネの大公
タイターニア
妖精の女王
夫婦
オーベロン
妖精の王
イージアス
親子
ハーミアと結婚させたい
ライサンダー
恋人
ハーミア
片想い
ディミートリアス
片想い
ヘレナ
タイターニアの妖精たち
豆の花
蜘蛛の巣
辛子の種
蛾
魔法の力で惚れる
惚れる魔法
魔法をかけるよう指示
パック
惚れる魔法
ロバにする魔法
職人たち
シーシアスとヒポリタの婚礼に向けて劇の稽古
スナッグ
スターヴリング
スナウト
フルート
クインス
ボトム
ロバの頭にされる

パックは次にディミートリアスに魔法をかけ、ディミートリアスがヘレナに恋するよう仕掛ける。一時的にヘレナは、ライサンダーからもディミートリアスからも求愛され、ハーミアも自分の恋人ライサンダーがなぜヘレナに求愛しているのか理解ができないでいる。ヘレナは、ハーミアもディミートリアスも、ぐるになって自分を騙しているとしか思えない。こうしてもうひと騒動起こるが、いつしか4人は森の中で眠る。

オーベロンは、ロバ頭の職人に恋してやまない自分の妻タイターニアを哀れに思い、魔法を解いてやり、妻と仲直りする。

いろいろあった恋人たち4人は、大公シーシアスに起こされて気づく。目が覚めた2組のカップルは、みごともとのさやに戻る。ライサンダーは恋人ハーミアと、ディミートリアスはもともと婚約していたヘレナとの結婚を心から受け入れる。オーベロンの魔法であった。こうしてこの2組のカップルも、シーシアスとヒポリタの婚礼の日に一緒に挙式をすることになる。

ロバ頭から人間の頭に戻ったボトムと仲間の職人たちは、『ロミオとジュリエット』のような、ピラマスとシスビーの悲恋物語をまじめに演じるのだが、起こるのは大爆笑。

……こうしてこの物語はすべてハッピーエンドで幕を閉じる。

◆現実の人間を引き込む幻想世界

シェイクスピアの幻想的な世界が存分に発揮されている『真夏の夜の夢』。この作品は大きく、大公たちの上流社会、滑稽で猥雑な職人たち、そして幻想的で、そのくせ人間的な妖精という3種類の世界が入り交じって構築されています。

この中でカギになる役柄は、妖精パックです。いたずらでおっちょこちょいなパックによって、恋人たちが入れ替わってしまったり、ロバの頭を持った職人とタイターニアの恋などが引き起こされます。それこそがこの作品の絶妙な笑いのトリックなのです。

シェイクスピアは妖精を使って幻想的な世界を描き、ほかの登場人物を自在に操らせます。この妖精の王オーベロンと女王タイターニアのいさかいの原因は、インドの王様から盗んできた美しい小姓《こしょう》をタイターニアが独占していることにありました。それを羨《うらや》ましく思ったオーベロンが自分に欲しいと言うと、タイターニアはいろいろ理屈をつけて手放さず、舐めるようにかわいがるのです。

このように、妖精の世界といっても、きわめて人間くさい感情を持つ夫婦と、それを取り巻くパックのようないたずらな妖精、また、蜘蛛の巣、蛾、豆の花、辛子の種といったユニークな妖精たちがその住人なのです。

こうした幻想的な世界の登場人物が、嫉妬したり、いたずら心を起こしたり、恋したりと、持っている感情が人間と同じであるために、現実世界にいる私たちもいつの間にか、幻想の世界に巻き込まれていくのです。

◆上に立つ人間が持つべき心構え

このドラマにはまた、アテネを治める大公シーシアスと、妃となるヒポリタ、そしてアテネの上流階級の人びとが描かれています。婚礼を控えたアテネの大公シーシアスは、知性と品格を備え、住民たちに対する愛情に満ちた人物です。例えば、婚礼の当夜、職人たちの素人芝居を観る心構えとして、次のようなことを言っています。

……

シーシアス：その芝居に決めよう。純朴と、忠義に裏打ちされていれば不都合などあるも

のか。さあ、連れておいで。ご婦人がた、お席に着かれますよう。(大公の家臣フィロストレート退場)

ヒポリタ：わたくしは、下々の者たちが身の丈に合わぬ重荷を背負わされて失敗し、心から傷つくのを見たくはありませんわ。

シーシアス：なに、そんなことになりはしまい。

ヒポリタ：こうしたことに、まったくの未経験な者たちだとか。

シーシアス：何もできなくとも、彼らに感謝をするのが我々の優しさではないか。彼らの失敗を見過ごしてやることは、我々の喜びではないか。そして、下々の者たちの忠義は、出来栄えではなく、真心で観るべきではないのだろうか。あるとき、学者たちがぼくにあらかじめよく準備した挨拶をしようと計画してくれたことがあった。みな震え、顔面蒼白になって、文の途中で言葉に詰まってしまう始末。怖さからか、よく練習した挨拶の途中で声が出なくなってしまった。結果として、黙ったままになってしまい、歓迎どころではなくなってしまった。しかし、ねえ君、信じてほしい、この沈黙からぼくは彼らの歓迎の気持ちを汲み取ったものだよ。そして、この控えめな恭順さの中に、遠慮なく派手にまくしたてる雄弁と同じくらいの誠の意を読み取ったものだ。それゆえに、愛もまた、舌の……………

もつれた純朴さと同様、最も言葉少なに語られたことが、最も饒舌に相手に伝わるのだ。

——Ⅴ幕1場

このようにシーシアスは、下の者たちへの配慮ということができており、それにヒポリタや臣下も従うのです。

大公シーシアスはまた、冒頭のシーンでもイージアスの訴えと、娘ハーミアの対立に対して、父親が娘を思う気持ちを代弁し、いっときの恋の迷いで人生を棒に振らないように、つまりライサンダーではなく、父が決めたディミートリアスと結婚するように諭します。

そしてハーミアがそれを受け入れるつもりはないと分かってからも、すぐに結論を出さず、自分の婚礼までの間、じっくり考えてみるように勧めるのです。また、最終的には法律に照らし合わさざるを得ないのですが、若いハーミアに自分の意思で決めるように伝えます。

◆『ロミオとジュリエット』を彷彿とさせる関係

ハーミアとライサンダーの恋人同士は、お互いに熱烈に愛していて、この物語の主人公といってもよい純粋なカップルです。

ハーミア:もし真に愛し合った二人がいつも受難するのであれば、それは運命からの指図なのです。であれば、この試練に忍耐を教えましょう。その忍耐も習わしなのですから。恋には、物思いに、ふけることや、夢見ること、そして溜息などと同じように願い事や涙などがつきもの。淡い恋のお供だもの。

ライサンダー:その通りだね。だから、ねえ、ハーミア、聞いてほしい。ぼくには未亡人の叔母がいる。亡き夫からたいそうな財産を受けついでいて、子供がいない。アテネから7リーグ(35キロほど)ばかり離れたところに住んでいるんだ。その叔母は、ぼくを一人っ子のようにかわいがってくれている。そこへ行けば、ハーミア、君と結婚できる。そこまでは、厳しいアテネの法律も追ってこられない。もし君がぼくを愛してくれているのなら、明日の夜、お父さんの家からそっと抜け出しておくれ。五月祭の朝に、ヘレナと君とぼくで一度会った、ここから1リーグ（5キロほど）のあの森でぼくは君を待っているよ。

ハーミア：まあ素敵、ライサンダー。キューピッドの一番強い弓にかけて、一番よい金の鏃《やじり》にかけて、ヴィーナスの車を引く鳩の純真さにかけて、心を結び付け、愛を成就させるものにかけて、カルタゴの女王を焼いた焔《ほのお》にかけて、男たちがこれまで破ってきたすべての誓いにかけて、女という女が口にしたすべての愛の言葉よりも多く、あなたが決めたその場所で間違いなく、明日、本当にあなたとお会いします。

ライサンダー：それじゃ、約束だよ、あっ、ヘレナがここへ来る。——I幕1場

こうした台詞はまるで『ロミオとジュリエット』の主人公二人が話しているような錯覚さえ起こさせます。これほど純粋に恋する二人として、ハーミアとライサンダーは描かれているのです。

◆追う立場から追われる立場に

この作品のもう一組のアテネ人主人公ヘレナとディミートリアスは、おかしな関係にあります。ヘレナはこの作品のほとんどの局面で、いわゆる三枚目としての役割を担い続けます。

一時はディミートリアスから求愛され、婚約したものの、ディミートリアスが心変わりをしてから、ヘレナはさびしい毎日を過ごします。自分から積極的に働きかけても、また、ハーミアとライサンダーの逃避行をこっそり教えてあげても、ディミートリアスからは疎《うと》まれます。

ヘレナによると、ハーミアが典型的なかわいい美人であるのに比べて、自分はのっぽで、美形ではないと、コンプレックスを持ちます。

ところが、ディミートリアスやライサンダーが魔法の汁をまぶたにたらされてからは、二人ともヘレナにのぼせ上がります。おおよそ口から出るあらゆる美辞麗句を二人はヘレナに投げかけますので、ヘレナは悪い冗談であると誤解をします。自分をこれ以上みじめにしないでほしいと二人に伝えます。そしてハーミアの態度から、彼女まで口裏を合わせたのではないかと疑うのです。

ヘレナは三人から悪い冗談を仕掛けられたと勘違いして辟易します。このように、いわゆる三枚目として活躍するヘレナですが、ストーリーの終わりでは最愛のディミートリアスが自分にまた愛情を注いでくれるようになります。

ディミートリアスはハーミアに恋い焦がれ、ハーミアの夫にふさわしいと彼女の父親の許しを得て、ハーミアに言い寄ります。ハーミアからは冷たくあしらわれ続けますが、ヘレナから聞いた森の中までハーミアとライサンダーを追い続けます。また、そこについてきたヘレナに対しては疎ましく思い、遠ざけようとします。

こうしてディミートリアスは、片想いの人を追う立場と、追われる立場の両方を兼ねることになるのです。

彼は夢から覚めて、次のように言います。

……………

ディミートリアス：申し上げます。ヘレナが二人の逃避行を教えてくれました。この森へと来ることを。わたくしは激怒の末、彼らをここへ追いかけて来たのです。ヘレナも夢中になってわたくしを追って来たのです。しかし、どのような不思議な力によるものか、まさに不思議な力としか説明のしようがありませんが、わたくしのハーミアへの想いは雪のように融けてしまい、まるで子供の頃に夢中になったがらくた同然のようです。そして、わたくしの誓い、心の底からの想い、目にすべきもの、目に見る喜びの対象はヘレナだけでございます。ハーミアを目にする前に、わたくしはヘレナと婚約しておりました。しかし、病にかかったときのようにこの食べ物に気が進まなくなったのでございます。しかし、健康になってみると、自然な味覚が戻って参りまして、それが欲しく、それを愛し、それを渇望するのです。この先においては、いつまでもヘレナへの愛をきっと貫きます。

シーシアス：素晴らしい恋人たちよ、幸運に導かれたな。この話の続きはまたの機会に聞かせてもらおう。イージアス、お前の意思を通すわけにはゆかぬ。これからすぐこれらの恋人たちも、我らとともに神前において、永久の契りを交わさせることとする。（後略）

――Ⅳ幕1場

ヘレナとディミートリアスは、こうして無事にもとのさやに戻りました。妖精の王オーベロンによる魔法の力で誕生したカップルといってよいでしょう。また、シーシアスの粋な計らいも加わって、みごと3組のカップルが同じ日に挙式することになったのです。

◆シェイクスピア作品に欠かせない職人たちの果たす役割

この作品で忘れてはいけないのが、大公シーシアスとヒポリタの婚礼で芝居を演じるボトムやクインスといったにぎやかで陽気な職人たちです。

シェイクスピアの時代には、職人たちも客席で芝居を観ていて、大声で笑ったり、悪役にやじを飛ばしたりして大いに舞台を盛り上げていました。こうした職人たちのような一般市民は、『ジュリアス・シーザー』などの作品にも登場して重要な役割を演じています。『真夏の夜の夢』の中では、機織《はたお》りのボトムは、とくに滑稽です。大公シーシアスと妃ヒポリタの婚礼向け芝居の練習中、妖精パックのいたずらでロバの頭に変えられてしまいます。妖精の力とはいえ、まったく奇想天外なものになるのです。

仲間の職人たちは皆、驚いて逃げ出すのですが、妖精の女王で気位《きぐらい》の高いタイターニアは目が覚めたときにこの化け物を最初に目にしてしまいます。「浮気草」の魔法にかけられている彼女は、ロバ頭のボトムにぞっこんになり、大きな笑いを誘います。妖精の女王がロバ頭の職人に恋するというコントラストが絶妙なのです。

タイターニアに尽くされて、ボトムもまんざらではありませんでした。その結果、タイターニアに仕える妖精たちにも、頭を掻《か》いてほしいとか、飼葉《かいば》を桶いっぱい欲しいとか、ロバ頭で偉そうにいろいろと指図をする始末です。

妖精の王オーベロンの指示で、パックはタイターニアや恋人たちにかけた魔法を解きます。もちろんボトムにかけられたロバ頭の魔法も無事に解け、職人集団は大公と妃の前でドタバタながら恋愛劇を見事に上演しました。とはいえ、座長役のクインスなど、舞台でまじめに大失敗ばかりやるものですから、オールスターのコミック劇団さながらの爆笑舞台になりました。

◆想像力とユーモアセンス

シェイクスピアの幻想的な作品である『真夏の夜の夢』は、妖精パックという媒介を使って現実世界（アテネ）と幻想世界（妖精の世界）の垣根を飛び越えます。シェイクスピアは、私たち観客の想像力をうまく利用しながら、この二つの世界を行き来する物語を進めるのです。あたかも、そこに現実と幻想の重なった世界があるかのような錯覚を覚えます。

想像力は、人間固有の能力であるといわれています。シェイクスピアは、私たちのイマジネーションをうまく活用しました。『真夏の夜の夢』は、こうした想像力の活用によって作り出されたシェイクスピアならではの世界なのです。

◆〝想像力欠乏症〟に陥りがちな現代人

このドラマは、私たちのイマジネーションを大いに刺激してくれます。魔法をかけられて、突然心変わりしたり、そんな相手にとまどったり……さまざまな登場人物に自分を重ね合わせてみることで、想像力が膨らんでいくのです。

想像力は、いつの時代にも、スムーズな人間関係を結ぶ上でとても重要です。

日々、秒単位で仕事に追われている私たち現代人は、ともすると相手の思いや状況を推し量るのを忘れがちです。いわば〝想像力欠乏症〟に陥ってしまっています。

実は私たちの周囲で起こっている人間関係の問題は、私たちが少し想像力を働かせることで起こらなかったり、起こったとしても、すぐに解決できることがほとんどなのではないでしょうか。

例えば上司と部下の問題。部下が失敗したときに、部下の抱えている状況などを考慮することなく、「なぜ教えた通りにできないんだ」などと一方的に相手を責めてしまう人は、想像力欠乏症が疑われます。シーシアスのように「下々の者たちの忠義は、出来栄えではなく、真心で観るべきではないのだろうか」という姿勢で部下をみることができていない、という結果なのかもしれないからです。

もちろん、どんなに想像力を働かせても、人の心は移ろうものです。そのために、私たちの想像を上回るハプニングが起こるのも人生でしょう。それを受け入れ、時に楽しんでしまうことの大切さをこの作品は教えてくれます。

そして同時に、いろいろなことが起こる人生を、明るく、前向きにとらえ、最後はハッピーエンドで終わる――そんなところが、人間賛歌、人生賛歌にもなっている作品であると思います。

◆ユーモアセンスと国際的ビジネス

シェイクスピアがこの作品で用いたユーモアは、翻訳では伝わりづらい箇所がありますが、十分に伝わるものも多くあります。伝わりやすい代表格は、シチュエーションの生み出す滑稽さです。

「魔法の惚れ薬」を使ったドタバタ恋愛劇はまさにその典型です。妖精パックが用いた汁によって、タイターニアはロバ頭の機織り職人ボトムにぞっこんになりますし、ヘレナも急に二人の若い男に求愛されるようになります。こうした状況は、言葉が違っても大笑いできるシーンです。

シェイクスピア劇の中でよく使われるユーモアで、私たち日本人に分かりづらいのは言葉を巧みに用いたやり取りでしょう。『真夏の夜の夢』の中では、以下の場面がそれにあたります。ハーミアが大公シーシアスに、ライサンダーとの恋に対する心情を訴える場面です。

ハーミア：ライサンダーも同様に立派でございます。
シーシアス：人柄はそうだ。しかし、この場合、やつはおまえの父上の許可を得ていない。したがって、もう一方がより優れていると言わざるを得ない。
ハーミア：お父様がわたくしの目で見てくれたらよいのですが。
シーシアス：そうではなく、おまえの目が父親の分別を持って見るべきなのだよ。――I幕1場

このように、ハーミアもシーシアスも、目をめぐって巧みな比喩を使っています。シェイクスピアの作品はこうしたハイセンスな言葉遊びが多くあり、翻訳家たちはそれぞれに苦労して伝えています。

日本でも、高度な言葉遊びは万葉集の昔から上流階級の伝統となっていましたが、欧米ではその人のインテリジェンスや、コミュニケーション・スキルの高さを表していると考えられてきました。現在でも、ビジネスシーンでコミュニケーションのスパイスとして、こうしたユーモアがよく使われるのです。

国際的なビジネスにおいて、利害衝突が生じたときに、まじめな日本人はともすると真っ

向から自分の主張をぶつけがちです。それが互いの対立を、より大きなものにしてしまうことがあります。

いっぽう、国際的に活躍するコミュニケーション上手なビジネスパーソンたちは、会話にユーモアを混ぜて相手のストレスを緩和することに長けています。

ビジネス交渉の内容そのものも重要ですが、こうしたユーモアのセンスは、コミュニケーションを円滑にし、ビジネスをスムーズに進める上で、とても重要な要素になってくるのです。

どんなときにも想像力を働かせつつ、時にセンスあるユーモアを交えながら、ビジネス相手と交渉していくことは、とくに国際ビジネスでは欠かせません。国内で仕事をするにあたっても、持っていたいスキルです。『真夏の夜の夢』の世界観を楽しみつつ、こうしたセンスも、磨いていきたいものです。

6章　〝人間〟を知ることが成功のカギ
──シェイクスピアのその他の主要作品

1章から5章まで、シェイクスピアが生涯に書き上げた37作品の中から5作品を取り上げて、現代のビジネスとも絡めながら、紹介してきました。

この章では、それ以外でも、ビジネスパーソンの教養として、またエンタテインメントとしてぜひお薦めしたい作品をいくつか取り上げて、その見どころや面白さをご紹介します。


【歴史劇】

◆『リチャード三世』

この作品は、薔薇《ばら》戦争を描いた『ヘンリー六世』三部作の続編として書かれたものです。

主人公リチャードが、陰謀を使ってイングランドの王位につくべき人びとを次々に殺してしまい、自分が王位につき、また、滅びていく過程を描いた作品です。
背筋が曲がっているという肉体的ハンディキャップを持ち、他人をいっさい信用しないリチャード三世。シェイクスピア作品中の悪役として、スーパースター級の主人公です。

◇あらすじ

国王エドワード四世の末弟リチャード(後のリチャード三世)は、悪に徹して政権を握る野望を持つ。そのために邪魔な次兄クラレンス公ジョージを、陰謀にはめて殺してしまう。そのやり口は、「一族の中のGの頭文字の人間が、王位継承者を皆殺しにする」というデマを流して、Gの頭文字のつくジョージを無実の罪に陥れるというものだった。

いっぽう、国王は健康を害している。王妃はリチャードを警戒して、もし国王が死んだ場合でも、リチャードが摂政《せっしょう》になることは避けたい。国王は、自分の弟たちと王妃の一族の仲の悪さを何とかしようと、和解の席を設ける。最後にリチャードが現れて、兄を処刑したと告げると、王は大きなショックを受けて、死ぬ。リチャードの思惑通りに事が運ぶ。

また、リチャードの手で殺された先王ヘンリー六世の息子エドワードの葬儀の日に、喪に服すエドワードの妻アンを、夫の棺桶を前にして弁舌さわやかに口説く。はじめは罵り、唾を吐きかけたアンであったが、リチャードが自分を心から愛していたために夫を殺したという説得に、ついには結婚してしまう。

イングランドでは、国王が死んだ場合の王位継承権は、国王の長男となる。長男のエドワード王子が戴冠式のためにロンドンに戻る。王子の叔父にあたるリチャードは、王位簒奪へと突き進む。リチャードの主張は、エドワード四世は実父の子ではなく、正統ではなかったというものであった。こうしてリチャードは、あたかも仕方なく王位を継承する、というポーズを取りながら王位につく。

戴冠式を終えたリチャードは、王子たちを殺す。リチャードは、これまで自分の忠臣であったバッキンガム公が、王子たちの暗殺をためらったというだけの理由で、殺してしまう。このように残忍なリチャードには、臣下はついていけなくなる。

こうして国王リチャードに反旗を翻したのが、リッチモンド。リチャード軍に比べると少人数だったが、リチャードはすでに部下の心を掌握しておらず、本人もこれまで殺してきた者たちの亡霊に悩まされる。

孤立したリチャードは、馬が倒れ、「馬だ、馬をくれ、代わりに国をくれてやる」という言葉を吐き、最後まで孤軍奮闘するが、リッチモンドによって殺害されてしまう。

【悲劇】

◆『マクベス』

この作品は、シェイクスピアの四大悲劇の一つです。

見どころは大きく二つ。一つは、主人公の将軍マクベスが、魔女たちの予言が彼に暗示した通りの展開になるところ。二つめは、マクベス夫人がマクベスに国王暗殺をそそのかし、実現するのですが、それからの彼女は良心の呵責《かしゃく》にさいなまれて、夜も眠れなくなり、ついには自滅していくところです。

◇あらすじ

スコットランドの将軍マクベスと、その夫人は時が時ならば王位を主張できる立場にあるが、国王ダンカンへの不満で悶々とした日々を過ごしている。

そうした折、マクベスとバンクォー将軍は勝ち戦から帰る途中、荒野で三人の魔女に出会う。魔女たちはマクベスに、「コーダーの領主になる。そして、いつか国王になる」と予言する。バンクォーには、「国王にはなれないが、国王を生み出す」と告げる。

魔女の言葉を警戒する二人であるが、マクベスが自陣に帰ってみると、魔女の予言通りコーダー領主に任じられていた。マクベスは一部始終を夫人に話すと、夫人は、自分たちの城に宿泊することになっている国王を殺すことを企てる。深夜、衛兵たちを泥酔させ、就寝中の国王はまったくの無防備になる。そこをマクベスが短剣で殺し、護衛兵たちの仕業《しわざ》に見せかける。

これに疑惑を持ったのがバンクォー。マクベスはバンクォーと彼の息子に刺客《しかく》を送る。バンクォーはしとめたものの、息子には逃げられてしてしまう。

王に即位したマクベスの主催する宴会で、彼はバンクォーの亡霊を見る。これに怖れおののくマクベスを、家臣たちは不審に思う。不安にかられたマクベスは、魔女たちを訪れて再び予言をさせる。「女から生まれてきた者にはマクベスを殺すことができない」、また、「バーナムの森が動かない限り、マクベスは滅びない」という言葉に安心する。

スコットランドからイングランドに逃げ延びた王子マルコムは、家臣に促されて打倒マクベスのため立ち上がる。いっぽう王妃となったマクベス夫人は、毎夜自分たちの罪の深さにうなされ、ついには自殺してしまう。

マルコム軍がマクベスに迫るが、マクベスは魔女たちの予言があり、安心している。しかし、動くはずのないバーナムの森が動いた。実はマルコム軍が草木をまとい、森のように見えたのである。マクベスは狼狽する。そしてマクダフという将軍と剣を交える。マクベスは、自分の身体には魔法がかかっており、女から生まれて来た者には殺すことができないと告げる。マクダフは早産で、母から生まれたのではなく、母の胎内から引きずり出されたのだと告げる。マクベスは魔女たちの言葉のトリックに愕然として、マクダフに討たれてしまう。

◆『オセロー』

これも四大悲劇の一つです。

ムーア人（北アフリカのイスラム教徒）である将軍オセローと、ヴェニスの元老院議員の娘で美しいデズデモーナ（ギリシャ語で〝不幸〟という意味）の恋と結婚、それを陰謀で崩壊させる悪党イアーゴーの心理戦です。

人の心とはいかにもろいか、そして妻の貞節、誠実が常にハッピーエンドを招くとは限らない現実の厳しさを、哀しく物語る作品です。

◇あらすじ

ヴェニスの将軍オセローは、美しい娘デズデモーナと恋に落ちる。デズデモーナは、ヴェニスの元老院議員の愛娘であった。二人の駆け落ちを父親に告げ口したのは、オセローの部下イアーゴーたちであった。紆余曲折を経て、二人は結婚した。

イアーゴーは、オセローの副官に立候補したが断られ、キャシオーにその役目を奪われた。イアーゴーは、嫉妬してオセローへの復讐の機会を狙う。彼はオセロー将軍に忠誠を誓うふりをして、裏切りのチャンスをうかがった。

デズデモーナは、キプロス島総督に就任する夫に同行することを申し出て受け入れられる。キプロス島ではオセロー将軍とデズデモーナの結婚祝賀パーティーを開催する。

祝宴でイアーゴーは、夜警をすることになっているはずの副官キャシオーを泥酔させてしまう。キャシオーは酒に弱く、酔った勢いで仲間と喧嘩してしまう。オセローはこれを聞いて、キャシオーを副官から降ろさざるを得なくなる。

イアーゴーはキャシオーに、オセローの新妻デズデモーナに復職を取りなしてもらうように勧める。いっぽうで、イアーゴーはオセローに、妻とキャシオーの関係に気をつけるようにと伝える。あたかも親切心で伝えたかのように、である。

オセローは徐々に妻とキャシオーの関係を疑い、嫉妬するようになる。イアーゴーは、デズデモーナの侍女をしている自らの妻エミリアに、オセローがデズデモーナに贈った大切なハンカチーフを盗ませ、キャシオーの部屋に落としておいた。

夫が自分に疑惑を持っていることをまったく知らないデズデモーナは、キャシオーを副官に戻すように何度も懇願する。これがオセローの猜疑心《さいぎしん》に火をつける。

デズデモーナのキャシオー復権の懇願と、ハンカチの一件で、オセローは頭の中が嫉妬でいっぱいになり、デズデモーナを絞め殺す。オセローは侍女に、デズデモーナが不貞を働いたから殺したと伝える。侍女はオセローが誤解から無実のデズデモーナを殺したことを分からせる。オセローは名誉も愛も失ったことを知り、ついには自害する。

◆『ロミオとジュリエット』

何度も映画化されて大ヒットしたこの作品は、映画『ウエストサイド・ストーリー』の原作としても有名です。

若く、純粋な男女ロミオとジュリエットが恋に落ちます。いずれもイタリアのヴェローナを代表する名家の子供たちでした。

ただし、ロミオのモンタギュー家とジュリエットのキャピュレット家は、仲が悪く、絶えず衝突をしていました。こうした憎しみ合う両家の若い男女は、許されぬ恋をします。そして、秘密裏に結婚式を挙げるのですが、その先に哀しい結末が待っていたのです。

◇あらすじ

ヴェローナの名門モンタギュー家と、キャピュレット家は犬猿の仲だった。先祖から代々続く互いへの憎しみは、家族だけでなく、使用人たちをも巻き込んでいた。キャピュレット家の召使いが町でモンタギュー家の召使いを侮辱したことをきっかけに、大喧嘩を始めた。ヴェローナの大公が仲裁に入って、やっと争いが収まったかにみえた。

モンタギュー家の一人息子ロミオは、キャピュレット家で開かれた舞踏会に忍び込む。そこで、彼はキャピュレット家の一人娘ジュリエットに一目惚れ。また、ジュリエットもロミオに一瞬で恋に落ちた。互いにいがみ合った両家の人間とは知らず、二人の恋は燃え上がる。

身体がほてったままのロミオはすぐに帰宅する気になれず、キャピュレット家の庭園に残る。そこで耳にしたのは、ジュリエットが自分の名をつぶやく声だった。姿を隠して聞いていると、ジュリエットはロミオが敵のモンタギュー家の人間であることを嘆いた。それを聞いていたロミオは姿を現し、ジュリエットのいる2階へと壁伝いに登っていく。二人が結婚の約束を交わすのに時間は必要なかった。ロレンス神父の助けで翌日には二人は内緒で結婚式を挙げていた。

ところがロミオは、結婚式の帰り道、争いに巻き込まれてジュリエットの従兄《いとこ》を殺してしまう。ヴェローナ大公によるロミオへの処罰は寛大で、町からの追放だった。

悲しみに暮れるジュリエットに対し、父のキャピュレットは、大公の親戚のパリスとの結婚話を進める。ジュリエットが助けを求めたロレンス神父は、二人を救う方法として、ある薬をジュリエットに与える。パリスとの結婚式の前日に、この薬を飲んで42時間、仮死状態になるという計画だった。ジュリエットはロミオに手紙を書き、目覚める前に墓場の棺桶のところで待っていてもらうことにした。

しかし、その計画がうまくロミオに伝わらず、ジュリエットが死んだと絶望したロミオは、墓へ行く途中、毒薬を手に入れてジュリエットの棺桶の上で自殺してしまう。予定通りの時間に目覚めてみると、そこにはロミオが死んでいた。絶望したジュリエットも短剣で自害してしまうのだった。

【喜劇】
◆『空騒ぎ』

言葉遊びと誤解が生み出す面白さのドラマです。

主人公のベネディックとベアトリスの掛け合い台詞のリズム感は、シェイクスピア作品中、一、二を争うほどです。この二人が互いの言葉尻をとらえた皮肉合戦は、まさに絶品といってよいでしょう。また、ストーリー展開としても、意外性に富んでいて楽しめる作品です。

◇あらすじ

アラゴン（今のスペインの一地方）の領主ドン・ペドロは、戦から凱旋したときにメッシーナ（イタリアの都市）に立ち寄る。そこで知事レオナートーの屋敷に滞在した際、ドン・ペドロの臣下クローディオがレオナートーの娘ヒアローに一目惚れする。ドン・ペドロは仮面舞踏会でヒアローの心をつかんでしまおうと計画。

いっぽう、ドン・ペドロの腹違いの弟ドン・ジョンは、兄をねたみ、兄の臣下クローディオをよく思っていない。そのため、この縁談をぶち壊しにしてやろうと画策していた。

ドン・ペドロがうまく二人の仲を取り持って、クローディオとヒアローの結婚が決まる。ヒアローの従姉《いとこ》ベアトリスと、臣下のベネディックも同時に取り持とうとするが、なかなかうまくいかない。この二人は会うと口喧嘩や皮肉合戦を繰り広げ、とてもまとまりそうにない。周囲が一芝居打つなど、いろいろと取り持ってやっと二人は素直になって結婚を決意する。本心では、互いに惹かれていたのだ。

これでめでたしめでたし、と思ったらそうはいかなかった。ドン・ジョンがヒアローとクローディオの結婚を邪魔する。あたかもヒアローがほかの男と深い仲になっているようにみせかける。ヒアローが別の男と逢引《あいび》きしているとクローディオに思わせる芝居を打ったのだ。

結婚式の席で、新郎クローディオは妻になる予定の新婦の不実を責め立てて、結婚を取り止めにする。新婦は何が起こったのか理解できず、ショックで気を失って倒れてしまう。陰謀のにおいを感じ取った神父の助言で、新婦が死んだことにする。

せっかく結婚するはずだったのにぶち壊しになったのは、ベネディックとベアトリスも同じだった。仲良しのヒアローがひどい目に遭わされたこともあり、ベアトリスはベネディックをけしかけてクローディオに決闘を挑ませる。

しかし、ドン・ジョンの悪だくみは、ドン・ジョンの従者が仲間と話しているのを、夜警たちに聞かれてしまう。すべての悪事がばれたのだ。

クローディオは自分の早合点を深く悔いるが、すでにヒアローは他界してしまったと思い込んでいる。新婦の父は、もしクローディオが娘と生き写しの従妹と結婚するならばすべてを水に流そうと告げる。結婚式で仮面を取ってみると、そこにはヒアローがいた。こうして誤解が解け、和解してヒアローはクローディオと、ベアトリスはベネディックと結ばれる。

◆『じゃじゃ馬馴らし』

恋愛ドタバタ喜劇で、筋は単純です。美しいが、じゃじゃ馬、つまりわがままで、粗暴な娘が結婚し、夫のペースにはまってだんだん従順な妻になっていくというもの。シェイクスピア恋愛喜劇のパターンで、人間違いもあり、喜怒哀楽が誇張されている楽しい作品です。

◇あらすじ

パデュア（北イタリア）に住む裕福なバプティスタと、その二人の娘が広場にやってくる。二人の男性が、妹娘のビアンカを妻にしたいとバプティスタに申し出るが、断られる。美しく、物静かな妹の結婚は、姉のじゃじゃ馬のカタリーナが結婚するまでは、お預けだという。

たまたまその場に居合わせたルーセンショーも、妹ビアンカを見て首ったけになる。ビアンカのハートを射ようと、求婚者の一人だったホーテンショーと、ルーセンショーはそれぞれ家庭教師に化けてバプティスタの家に潜り込む。ホーテンショーは、金があれば誰とでも結婚するという友人ペトルーキオーを連れてくる。

ペトルーキオーは、姉のカタリーナとの結婚に興味を持ち、対面する。カタリーナはいつも通り悪態をつき、じゃじゃ馬ぶりを発揮する。だが、驚くことに彼は、このカタリーナを抱きしめ、結婚の日取りまで決めてしまう。こうして姉の結婚が決まると妹ビアンカの結婚相手選びとなる。

ビアンカの部屋で、二人の家庭教師が彼女の気を惹こうと頑張っている。最終的にビアンカのハートを射止めたのは、ルーセンショーであった。

姉は結婚が決まったものの、花婿がヴェニスに衣装を買いに行ったまま結婚式当日まで帰ってこないので、泣き出してしまう。そこへひどい衣装のペトルーキオーが帰ってくる。ペトルーキオーはカタリーナを連れて教会でさっさと結婚式を済ませてしまう。披露宴には出ないでカタリーナを抱き上げて別荘に馬で駆けていく。

別荘では、カタリーナは食事にありつけない。ペトルーキオーは、妻には優しく接するのだが、召使いには食事がまずくて妻に食べさせられないと、皿をひっくり返して怒鳴るからである。こうしてペトルーキオーは、妻以上に乱暴なふりをする。いつしか妻は、夫のペースに巻き込まれて、ついにはおしとやかな妻になっていく。

いっぽうビアンカはルーセンショーと二人で勝手に教会で結婚してしまう。ルーセンショーの父親が、息子に会いにくるが、そこにはなぜか何人もの偽物のルーセンショーがいる。あげくの果ては、偽物の父親扱いを受けてしまい、怒り出してしまう。そこへ教会からルーセンショーとビアンカが帰ってくる。そこで誤解が解け、祝いの席になる。

男たちは誰の妻が一番従順かを賭けて、彼女たちを試す。結果は、まさかと思われたあのじゃじゃ馬のカタリーナが最も従順であった。

【ロマンス劇】

◆『テンペスト（嵐）』

シェイクスピア最後のドラマです。テーマは、〝許し〟であり、シェイクスピアが最終的に到達したと思われる人間賛歌の作品でもあります。

『リア王』が家族の裏切りによる殺し合いがテーマだとすれば、『テンペスト』は、家族の裏切りに復讐しようとするものの、最後は相手を許すという展開です。主人公プロスペローの娘ミランダが「素晴らしい新世界、そこにはこうした人間たちがいる」（Ｖ幕１場）と叫ぶシーンが象徴的です。この言葉は、後にオールダス・ハックスリーの文明風刺ＳＦ小説のタイトルにも用いられました。

◇あらすじ

ミラノ大公のプロスペローは、弟のアントーニオーに裏切られて、島に流される。アントーニオーは、プロスペローの敵ナポリ王と結託したのである。

プロスペローと幼い娘ミランダがたどり着いた島には、魔女が母親の半人半獣のキャリバンと、妖精エアリエルがいた。プロスペローは自らが習い覚えた魔法の力でこの二人を召使いにしてしまう。

こうして今日まで暮らしてきたが、裏切り者の弟アントーニオーの乗った船が島の近くを通過するので、魔法の力を借りて大嵐を起こし、船を難破させる。全員が海岸に打ち上げられて気を失っていた。乗船していた中でただ一人、ナポリ王子ファーディナンドだけが少し離れた場所に打ち上げられていた。

若く美しい娘に成長したミランダは、昼寝から覚めるとファーディナンドを発見し、二人は恋に落ちてしまう。プロスペローは、かつての敵ナポリ王への復讐のため、その息子のファーディナンドに過酷な試練を与える。

ファーディナンドは、ミランダと結婚するために、その試練に耐えた。ミランダの励ましもあって、王子はがんばり続けたのだ。

プロスペローは、そうした若い二人の純粋な心に打たれて、ついにファーディナンドとミランダの結婚を認めることにする。プロスペローはまた、魔法を使ってナポリ王たちに復讐をしてきたが、敵を許すことにする。こうして彼は、魔法を封印することに決め、魔法の杖を土中に埋め、魔法の書を海中に沈めたのだった。

7章　人生は舞台だ！　――ビジネス成功者としてのシェイクスピアの生涯

シェイクスピアは劇作家として大成功を収めました。彼の作品は現在に至るまで世界中で最も多く上演され、数々の言語に翻訳されて出版され続けています。

この章では、シェイクスピアの生涯を紹介しながら、彼の作品がなぜこうも多くの人びとに愛され続けているのか、また、彼はなぜビジネス面でも成功したのかを考えてみたいと思います。

◆シェイクスピアの育った環境

ウィリアム・シェイクスピア（1564―1616）は、ロンドンから10マイルほど離れたストラットフォード・アポン・エイヴォンに生まれました。

美しい大自然に恵まれた田舎町で、シェイクスピアの霊感、詩的な才能はストラットフォードの自然と深い関係があると考えられています。現在ではシェイクスピアの生まれた町として、英国の人気観光スポットとなっています。

シェイクスピアの父ジョンは富裕な羊毛商人で、社会的な地位も高い人でした。子供が多くいましたが、教育は母親のメアリの仕事でした。彼女は読み書きだけでなく、芸術的な才能もあったようです。子供たちによく物語を聞かせていて、それが子供たちの胸を躍らせてもいました。中でも3番目の子で、長男のウィリアム（シェイクスピア）はとても頭が良く、理解力も高かったため、メアリは大きな誇りを感じていたといいます。

シェイクスピアは地元のグラマースクール（日本の中学、高等学校にあたる）に通い、短期間ながらラテン語も学んでいます。

シェイクスピアの学問的な才能を高く評価した両親は、家業を2番目の男子に継がせることにして、学問に集中させることにしました。

この頃、シェイクスピアはいろいろな問題を抱えることになります。その主なものは、宗教が原因でした。

シェイクスピアの両親は、敬虔なカトリック教徒。しかし、当時の王朝がプロテスタントだったため、政治的圧力を受けて、父親ジョンの社会的地位に悪影響を与えたのです。そのため、いまだにシェイクスピアは、カトリックかプロテスタントか、はたまた異教徒かという議論が盛んに行われています。

いずれにせよ、父親のこの社会的地位の失墜に、シェイクスピアは一念発起したといわれています。彼は家業を助けるために、学業を断念して就職しました。

彼のはじめての職業は、弁護士の書記でした。『ヴェニスの商人』の法廷シーンのやり取りは、そのときの経験が生かされていると思われます。

いっぽうで彼は、法律の条文に精通し、法律が権力者にとって都合のよいものであるという現実を知ったようです。この頃、彼は聖書やローマ古典、そして英国の歴史書も熱心に読み、幅広い知識と深い教養を身につけていきました。

◆単身、ロンドンで就職。座付き作家に

シェイクスピアは、18歳のときに豊かな農家の娘アン・ハサウェイと結婚しました。アンは当時26歳で、8歳上でした。結婚5か月で長女が生まれます。さらに、男女の双子が

生まれることになります。

その後、シェイクスピアは家族をストラットフォードに残して、単身ロンドンへ就職のためにやってきました。ロンドンでの仕事は、まず馬番から始まります。レスター伯爵お抱えの劇団の馬番として、一座に職を得ます。『マクベス』の劇中の深夜の門番の台詞など、この頃の体験が生きているといえるでしょう。

彼は最初は馬番という身分でしたが、当時の劇団は絶えず人手不足に悩まされていて、シェイクスピアにも俳優になる機会が転がり込んできました。やがて、作家としての才能を認められ、この劇団の座付き作者、つまり専属脚本家になるのです。こうしてシェイクスピアの劇作家人生が始まりました。

当時の英国は、ヨーク家、ランカスター家の「薔薇戦争」（1455－85）が終結し、エリザベス一世（在位1558－1603）が即位していた時期でした。また、ヘンリー八世の離婚問題によって起こったカトリックとの紛争も、エリザベスが国内の宗教的分裂に終止符を打つためにカトリックとプロテスタントの中道を目指したことで、一応のかたがつきました。英国に平和と秩序と繁栄が戻ってきた時期なのです。

軍隊はスペインのいわゆる無敵艦隊を破り、国が自信にあふれていた時期です。そこへ、イタリア・ルネッサンスが大きく影響して、芸術的な雰囲気があふれていました。

◆シェイクスピアの詩的才能を育んだもの

劇団には当時のインテリ層、なかでも詩人がよく出入りしていて、ウィット（機知、機転）に富んだ会話が頻繁に交わされていました。洗練された言葉を使った高度な遊び、詩の韻《いん》律《りつ》での会話などがシェイクスピアの周囲で交わされていたことでしょう。若い頃のシェイクスピアはこうしたことすべてを養分として吸収したといわれています。

シェイクスピアの所属劇団は、オーナーがいろいろ入れ替わりましたが、エリザベス一世や、女王崩御後は、国王ジェイムズ一世の座付き一座だったこともあり、当然、観客には女王や国王らが含まれます。これはシェイクスピアにとって大変な光栄であるとともに、作品にも大きな影響を与えました。

シェイクスピアは、それまで大人気であった天才作家クリストファー・マーロウや、当時流行っていた残酷劇の第一人者トーマス・キッドら当時の人気劇作家を、その実力でどんどん追い抜いていきます。とくに『リチャード三世』を世に出してからのシェイクスピアは、作風も人間の内面に深く関わるテーマに変わっていきました。

◆収入源が一時、閉ざされる

その後、ロンドンで疫病が流行り、劇場のような人がたくさん集まるところが諸悪の根源のように扱われ、一斉に閉鎖されました。シェイクスピアにとっての収入源が閉ざされたのです。１５９２年から93年にかけてのことでした。この間のシェイクスピアの所属する劇団は、経済的に危機を迎えていたのです。

また、別のショッキングな事件も起こりました。生涯最大のライバルと目されていたクリストファー・マーロウが、１５９３年に殺されたのです。喧嘩とも、陰謀で権力側に暗殺されたともいわれており、謎に包まれています。同業のシェイクスピアも身の危険を感じたに違いありません。

◆経済的にも社会的にも大成功を収めた背景

疫病がやみ、ロンドンの劇団に客が戻ってくるようになると、シェイクスピアは経済的にも社会的にも大いに恵まれることになります。

芸術家にありがちな金銭への無頓着さは、シェイクスピアにはありませんでした。父親ジョン・シェイクスピアから受け継いだ商才が生きてきたのです。また、若い頃、父親のビジネスに時代的逆風が吹き、学校を退学して就職せざるを得なかった経験が、堅実な金銭感覚をもたらしていたようです。

シェイクスピアは劇団の共同オーナーとなって、作品がヒットすると、その興業収入の一部を受け取るようにもなります。

もちろん彼はお金のためだけに劇作をしたわけではありませんが、彼の作品が大人気に沸くと、彼に多くの報酬をもたらしました。『ハムレット』のポローニアスがレアーティーズに伝える金銭に関する人生訓（127〜128ページ）は、まさにシェイクスピアの考えそのものだったと思われます。

◆独特のリズムの喜劇で大人気に

シェイクスピアが本格的に大成功をしたのは、『間違い続き』などの喜劇を書いたことによるといわれます。とくに技法として、〝ブランク・ヴァース（blank verse：無韻詩）〟という一定の弱強のリズムは持つものの、脚韻《きゃくいん》を踏まない詩によって、ドラマの音声的な美しさを引き出しました。それまでの演劇界ではあまり使われない技法で、台詞の音声的美しさを際立たせ、舞台がより洗練されていきました。

シェイクスピアは『間違い続き』で大成功してから、『じゃじゃ馬馴らし』『恋の骨折り損』『ヴェローナの二紳士』といった作品を立て続けに世に出します。

シェイクスピアは、詩人としても大変優れた作品を書いており、英国では詩人としても最高級の評価を受けています。年下の美しい貴族、三代目サウサンプトン伯ヘンリー・リズリーに捧げたといわれている長編詩『ヴィーナスとアドーニス』などは、その代表作です。

◆転換点となった『ヴェニスの商人』

『ヴェニスの商人』という作品は、シェイクスピアの作風の転換点になったといわれています。この作品で強烈な個性を持った登場人物を創造します。すなわち、ユダヤ人金貸しのシャイロックです。

このシャイロックをめぐっては、キリスト教に復讐する悪魔として扱っているのか、歴史的に圧迫されたユダヤ教徒の義憤を表現しているのかという議論があります。また、このドラマの中でシャイロックが徹底的に痛めつけられることにも、意見が分かれます。ポーシャの存在は、キリスト教の持つ偽善ではないか、という議論もされています。

シェイクスピアがなぜ、このように意見が分かれるような設定をしたのかは後述しますが、いずれにせよ、彼がはじめて本格的に創造した登場人物がシャイロックなのです。

ちなみに、後に悲劇の主人公としてシェイクスピアの代表作ともなる、『ハムレット』の主人公ハムレット王子なども、彼の純然たる創造であり、複雑な悩みを持った生身の人間として描かれています。

◆〝あえて立場をあいまいにする〟戦略

『ハムレット』の中で、ハムレットが〝To be, or not to be……〟という台詞を吐くのですが、これが何を意味するかはあいまいです。こうしたあいまいさを、〝劇的あいまいさ(dramatic ambiguity：ドラマティック・アンビギュイティ)〟と呼んでいます。

その時点では答えを明言せずに、観客や読者に自由に想像してもらうという技法なのです。後にこのことが「生きるべきか、死ぬべきか」という意味であることが分かります。

シェイクスピア作品の観客は当時、王侯貴族から職人などの庶民まで幅広い階層の人たちでした。また、政治的にも宗教的にもさまざまな立場の人たちが舞台を観にきていました。どの階層、立場の観客であっても、それぞれの観方、楽しみ方ができるように、台詞の意味にわざとあいまいさを出したと思われるのです。

前述したように、『ヴェニスの商人』の中でも、シャイロックを悪役として扱いながら、彼の言い分にも説得力を持たせました。こうした作風は、彼の作品が今日でも幅広い読者に支持されている理由でもあります。

このような〝劇的あいまいさ〟は、幅広い層にシェイクスピア作品の魅力を広めることになり、結果的に多くの観客を集め、ビジネスとしての大成功のカギとなりました。

◆シェイクスピアを襲った最大の試練

その後、シェイクスピアを試練が襲います。1596年のことです。彼は幻想的で、美意識の強い『真夏の夜の夢』を書きます。貴族の結婚式の祝宴用に書いた作品です。この年、シェイクスピアが所属していた「侍従長一座」のパトロンであるヘンズドン卿が死んで、シェイクスピアの劇団は経済的後ろ盾を失ってしまうのです。

また、シェイクスピアの息子ハムネットが、11歳でその短すぎる人生を終えたのもこの年です。この事実がその後のシェイクスピアの、親として子の死を悼む作品に表現されるようになります。『リア王』で、リアが末娘コーディーリアの死を悲しんで絶叫するシーンなどが、その象徴でしょう。

◆悲劇への傾注

こうしてシェイクスピアは、幼い我が子の死という深い悲しみを経験して、1599年くらいから、数々の悲劇を世に出します。まずは、『ジュリアス・シーザー』で、暗殺されるシーザーの悲哀とともに、暗殺するブルータスの苦悩を描きます。

主人公が絶望し、もがき苦しみながら、救われることのない結末を迎えるというこの暗さは、『ハムレット』『マクベス』『オセロー』『リア王』など、悲劇時代の主人公たちの心を表しています。

ハムレットは自分に与えられた復讐という使命の大きさ、恐ろしさに最後まで悩み、迷い続けます。マクベスは、ハムレットの逆で、魔女や夫人のささやきに行動を起こしますが、いったん起こした行動を止めることができません。オセローは、イアーゴーという悪党によって、疑念を大きくさせてしまい、最後には自分をコントロールできなくなります。リアは、末娘コーディーリアや忠臣ケントの言葉に耳を傾けようとせず、いっときの激情のままに行動し、悲劇を招きます。

シェイクスピアはこうした人間の弱さ、醜さを深く描き出すことで、自らの心の均衡を保っていたのではないかと思われます。どんなに財産を得て、地位を築いていようが、人間には逃れられない苦悩や悲しみがあることを、一連の悲劇を通じて伝えたかったのかもしれません。

◆最後にたどり着いた〝許し〟の境地

『テンペスト（嵐）』は、1611～12年に書かれたシェイクスピア最後のドラマです。この作品のテーマは、前述したように〝許し〟です。弟に裏切られて島に流された主人公プロスペローは、最後にはすべてを許します。

この作品のプロスペローは、リア王と対照的に描かれています。荒れ狂う荒野で大自然を呪い、叫ぶリアに対して、自らを裏切って追放した者たちを最後には〝許す〟境地になるプロスペロー。『リア王』では肯定することのできなかった人間のずる賢さ、残忍さをも受け入れ、人生賛歌へと昇華していきます。

シェイクスピアは『テンペスト（嵐）』の上演を最後に引退しました。すでに彼は財産も社会的な地位も確立したあとでした。

その後、ベン・ジョンソンなどが活躍しました。そのジョンソンが桂冠詩人《けいかん》（英国王家から認められ、王家の慶弔の詩を作る詩人）になった祝いの席から帰宅して、発熱して他界しました。1616年4月23日のことです。

シェイクスピアの友人たちは一様に、「温厚で、話し好きで、話がうまかった。そして言行一致した尊敬できる人だった」と彼の常識人ぶりを称えたといいます。

◆人生は舞台である

シェイクスピアは、『お気に召すまま』Ⅱ幕7場で、〝All the world's a stage, And all the men and women merely players.〟（世界はすべて舞台。人は皆、男も女も役者にすぎない）と言っています。

私たちは、人生という限られた期間に喜怒哀楽を自分なりの台詞で表現し、例外なくこの世を去っていきます。誰もがその間、それぞれのビジネスや人生においてさまざまな人間関係を生きていて、時に深く悩んだり、苦しんだりしています。

そうしたこともすべて含めて、私たちの貴重な人生です。そして、それぞれの人生は、精いっぱい生きるに値する舞台だということを、シェイクスピアは教えてくれるのです。

付――シェイクスピア作品の創作年代

※ドーヴァー・ウィルソンによる推定年

【習作時代】

・ヘンリー六世　全三部	（史劇）	1590-1592
・リチャード三世	（史劇）	1592-1593
・間違い続き	（喜劇）	1592-1593
・タイタス・アンドロニカス	（悲劇）	1593
・じゃじゃ馬馴らし	（喜劇）	1592-1594
・ジョン王	（史劇）	1594
・ヴェローナの二紳士	（喜劇）	1594-1595
・恋の骨折り損	（喜劇）	1594-1595
・ロミオとジュリエット	（悲劇）	1595

【喜劇時代】

・リチャード二世	（史劇）	1595-1596
・真夏の夜の夢	（喜劇）	1592-1598
・ヴェニスの商人	（喜劇）	1596-1597
・ヘンリー四世　全二部	（史劇）	1597
・空騒ぎ	（喜劇）	1598-1599
・ヘンリー五世	（史劇）	1598-1599

【悲劇時代】

・ジュリアス・シーザー	（悲劇）	1599
・お気に召すまま	（喜劇）	1593-1600
・ウィンザーの陽気な女房たち	（喜劇）	1600-1601
・ハムレット	（悲劇）	1600-1601
・トロイラスとクレシダ	（悲劇）	1601-1602
・十二夜	（喜劇）	1602-1606
・終わりよければすべてよし	（喜劇）	1602-1603
・マクベス	（悲劇）	1601-1606
・オセロー	（悲劇）	1602
・尺には尺を	（喜劇）	1604-1606
・リア王	（悲劇）	1604-1606
・アントニーとクレオパトラ	（悲劇）	1606-1607
・コリオレイナス	（悲劇）	1607-1608
・アテネのタイモン	（悲劇）	1607-1608

【ロマンス劇時代】

・ペリクリーズ	（ロマンス劇）	1608-1609
・シンベリン	（ロマンス劇）	1609-1610
・冬物語	（ロマンス劇）	1610-1611
・テンペスト（嵐）	（ロマンス劇）	1611-1612

青春新書
INTELLIGENCE

こころ涌き立つ「知」の冒険

いまを生きる

〝青春新書〟は昭和三一年に――若い日に常にあなたの心の友として、その糧となり実になる多様な知恵が、生きる指標として勇気と力になり、すぐに役立つ――をモットーに創刊された。

そして昭和三八年、新しい時代の気運の中で、新書〝プレイブックス〟にその役目のバトンを渡した。「人生を自由自在に活動《プレイ》する」のキャッチコピーのもと――すべてのうっ積を吹きとばし、自由闊達な活動力を培養し、勇気と自信を生み出す最も楽しいシリーズ――となった。

いまや、私たちはバブル経済崩壊後の混沌とした価値観のただ中にいる。その価値観は常に未曾有の変貌を見せ、社会は少子高齢化し、地球規模の環境問題等は解決の兆しを見せない。私たちはあらゆる不安と懐疑に対峙している。

本シリーズ〝青春新書インテリジェンス〟はまさに、この時代の欲求によってプレイブックスから分化・刊行された。それは即ち、「心の中に自らの青春の輝きを失わない旺盛な知力、活力への欲求」に他ならない。応えるべきキャッチコピーは「こころ涌き立つ〝知〟の冒険」である。

予測のつかない時代にあって、一人ひとりの足元を照らし出すシリーズでありたいと願う。青春出版社は本年創業五〇周年を迎えた。これはひとえに長年に亘る多くの読者の熱いご支持の賜物である。社員一同深く感謝し、より一層世の中に希望と勇気の明るい光を放つ書籍を出版すべく、鋭意志すものである。

平成一七年　　　　刊行者　小澤源太郎

著者紹介

深山敏郎 〈みやま　としろう〉

1955年生まれ。経営コンサルタント、中小企業診断士。麗澤大学外国語学部イギリス語学科卒業。学生時代、英国人演出家のもと『リア王（リア王役）』や『ジュリアス・シーザー（キャシアス役）』などのシェイクスピア作品に出演、大学シェイクスピア連盟初代議長を務める。卒業後も、英語劇団の創設メンバーとして数々の作品の上演に関わり続ける。91年に中小企業診断士事務所 深山経営を設立。現在は株式会社ミヤマコンサルティンググループ代表取締役として、メーカー、ホテル、ＩＴ企業、自治体などへのコンサルティング活動を展開。演劇経験を活かしたコミュニケーション研修も実施し、成果をあげている。

できるリーダーはなぜ
「リア王《おう》」にハマるのか

青春新書
INTELLIGENCE

2013年９月15日　第１刷

著　者　深《み》山《やま》敏《とし》郎《ろう》

発行者　小澤源太郎

責任編集　株式会社プライム涌光

電話　編集部　03(3203)2850

発行所　東京都新宿区若松町12番１号　〒162-0056　株式会社青春出版社

電話　営業部　03(3207)1916　振替番号　00190-7-98602

印刷・中央精版印刷　製本・ナショナル製本

ISBN978-4-413-04407-3